周　易

ZHOUYI

王喜娜◎译注

光明日报出版社

图书在版编目（CIP）数据

周易 / 王喜娜译注 . -- 北京 : 光明日报出版社，
2014.7（2024.3 重印）
（光明岛）
ISBN 978-7-5112-6321-6

Ⅰ . ①周… Ⅱ . ①王… Ⅲ . ①《周易》—译文②《周易》—注释 Ⅳ . ① B221

中国版本图书馆 CIP 数据核字（2014）第 069488 号

周易
ZHOUYI

译　　注：王喜娜

责任编辑：秦艳丽　　责任校对：王腾达
封面设计：博文斯创　　责任印制：曹　净

出版发行：光明日报出版社
地　　址：北京市西城区永安路 106 号，100050
电　　话：010-67022197（咨询），67078870（发行），67019571（邮购）
传　　真：010-67078227，67078255
网　　址：http://book.gmw.cn
E - mail：lijuan@gmw.cn
法律顾问：北京德恒律师事务所龚柳方律师

印　　刷：北京一鑫印务有限责任公司
装　　订：北京一鑫印务有限责任公司
本书如有破损、缺页、装订错误，请与本社联系调换，电话：010-67019571

开　　本：150mm × 220mm　　印　　张：12
字　　数：150 千字
版　　次：2014 年 7 月第 1 版
印　　次：2024 年 3 月第 4 次印刷
书　　号：ISBN 978-7-5112-6321-6

定　　价：29.80 元

目　录

周易上经

周易下经

周易上经

乾卦(䷀)

乾为天(乾下乾上)

乾:元亨,利贞。

初九:潜龙,勿用。

九二:见龙在田,利见大人。

九三:君子终日乾乾,夕惕若厉,无咎。

九四:或跃在渊,无咎。

九五:飞龙在天,利见大人。

上九:亢龙,有悔。

用九:见群龙无首,吉。

【译文】

乾卦,乾下乾上。象征天道至大、崇高、阳刚、健美,是宇宙之伊始,万物之统率;是生命之元气,万物之要素,云行雨施,使万物各具形体,生生不息,亨通无阻。天的伟大和光明可以贯彻始终,比之于为君之道则在于维系万物之大和谐。

乾卦:开始就通达顺利而占问结果是有利无害的。

乾卦卦意指示乾为空,表明实际情势未能及时配合正在好转的形势,所以对事既不可操之过急,也不宜旋即退缩,勤奋不懈,终会成功。

初九:处潜伏之时,应隐忍待机,不可轻举妄动,亦不可有大作为。

初九是乾卦的第一爻,用“潜龙”象征是因为它虽是阳爻,但位置处于最下,亦即阳气刚于地下生发,还不能对外活动。

九二：阳气初露端倪，伟人出现，应主动接近。

九二是乾卦的第二爻，在下位单卦的中央位置，因而处于有利的“得中”之位。“二”属阴，在此位出现阳爻则是不正；但在乾、坤两卦，并不存在正与不正的问题。另外，“二”位应是阴爻方能与“五”的阳爻相对，但在乾卦，虽是阳爻，仍可与“五”位相应。

九三：有德之人白天勤奋不息，至夜晚仍戒慎恐惧，如临危险，这样方可避免灾祸。

九三爻，阳爻处阳位，故阳刚得正，但已到下位单卦的最高位置，因此反而会有过分刚正之险。本性刚健正直且有德行的君子，若终日奋发不懈，而又能戒惧，将能防止灾祸发生。

九四：龙于渊中欲跃而未跃之势，没有妨害。

九四爻，处阴位，刚离开下卦，升到上位单卦的最下方，仍然缺乏稳定，也就是说，进退行动的意向还犹而未决，正在准备之中。

九五：龙高飞于天，利于见大人。

九五爻是最理想、最吉利的地位，因其处上卦居中，又是阳爻阳位得正，到了极盛时期，上级更应接近下级，下级应拥戴上级。君子在成就事业之时，应为实现自己的目标而发挥出最大能量。

上九：龙腾飞到最高处，终将有败亡的悔恨。

上九爻是乾卦最高、最末的一爻，已至最高，故物极必反，位置虽高，但反不如九五爻。

用九：呈现群龙，却无首领，则吉。

一群龙，不论整体多么刚健勇猛，细察而无逞强好胜、领导先变之辈，自然就会大吉大利。

《彖》曰：大哉乾元，万物资始，乃统天。云行雨施，品物流形。大明终始，六位时成。时乘六龙以御天。乾道变化，各正性命，保合大和，乃利贞。首出庶物，万国咸宁。

【译文】

《彖传》说：天的元气是多么伟大啊！万物赖以生长，自然归其统率。云朵飘行，霖雨降落，万物饱经滋润而不断生长变化，壮大成形。太阳周而复始地运转，乾卦六位以时而形成，随着时间完成其潜伏、显现、成长、跃动、飞腾、满盈等六种变化，如同乘着六条巨龙驾驭天道，自由奔驰。天道的运行变化，使宇宙万物获得生命并各有禀赋，维系着最大的和谐，并因守正而得利。乾阳生出万物，并使天下万方都和美顺昌。

《象》曰：天行健，君子以自强不息。“潜龙勿用”，阳在下也。“见龙在田”，德施普也。“终日乾乾”，反复道也。“或跃在渊”，进无咎也。“飞龙在天”，大人造也。“亢龙有悔”，盈不可久也。“用九”，天德不可为首也。

【译文】

《象传》说：君子应效法天道，刚健正直、运行无忒天道，终生自勉前进，发愤不息。

[初九]“潜龙勿用”，因阳气初生故居下位，并应隐居不出。

[九二]“见龙在田”，是以德行感化、普施万物，恩泽广被。

[九三]“终日乾乾”，循环反复，不离正道。

[九四]“或跃在渊”，已做好万全准备，即使勇往直前，也不会出现过失和灾难。

[九五]“飞龙在天”，兼具才德之人身居高位，应在此时奋起。

[上九]“亢龙有悔”，盈则难持久，满则易招损。

“用九”，遵循天的德行，循环发展，顺其自然而又能变通，不可过分逞强，唯有刚柔兼备才·能平安大吉。

《文言》曰：元者，善之长也；亨者，嘉之会也；利者，义之和也；贞者，事之干也。君子体仁足以长人，嘉会足以合礼，利物足以合义，贞固足以干事。君子行此四德，故曰“乾：元，亨，利，贞”。

【译文】

《文言传》说：元始，是众善的首领；亨通，是众美的荟萃；有利，使一切事物各得其宜，和谐共存；正固，

纯正而执着，是万事万物的骨干。君子以仁为本，则足以为人尊长；荟萃众美义；能够使万物得到利益，则足以使道义和谐；能够执着地固守纯正，则足以达成万事。唯有君子方能践行仁、义、礼、正这四种德行，故曰"乾：元，亨，利，贞"。

初九曰："潜龙勿用"，何谓也？子曰："龙德而隐者也。不易乎世，不成乎名。遁世无闷，不见是而无闷。乐则行之，忧则违之。确乎其不可拔，'潜龙'也。"

九二曰的"见龙在田，利见大人"，何谓也？子曰："龙德而正中者也。庸言之信，庸行之谨，闲邪存其诚，善世而不伐，德博而化。《易》曰：'见龙在田，利见大人。'君德也。"

九三曰的"君子终日乾乾，夕惕若厉，无咎"，何谓也？子曰："君子进德修业。忠信所以进德也，修辞立其诚，所以居业也。知至至之，可与几也。知终终之，可与存义也。是故居上位而不骄，在下位而不忧，故乾乾因其时而惕，虽危无咎矣。"

九四曰的"或跃在渊，无咎"，何谓也？子曰："上下无常，非为邪也。进退无恒，非离群也。君子进德修业，欲及时也，故无咎。"

九五曰的"飞龙在天，利见大人"，何谓也？子曰："同声相应，同气相求。水流湿，火就燥；云从龙，风从虎；圣人作而万物睹；本乎天者亲上，本乎地者亲下，则各从其类也。"

上九曰的"亢龙有悔"，何谓也？子曰："贵而无位，高而无民，贤人在下位而无辅，是以动而有悔也。"

【译文】

初九说的"潜龙勿用"是什么意思？孔子说："这是比喻犹龙一样可以人有作为而隐居遁世之人。他意志坚强，不因外界影响而改变，亦不

求名利。他避世隐居而不觉苦闷，即使主张不被接纳，也不会因此愤愤不平。使其称心之事则为，使其忧虑之事则不为。不动摇自己对信念的执着，就是潜龙的德行。”

九二说的“见龙在田，利见大人”是什么意思？孔子说：“这是比喻品德犹龙而行为中正的君子。他平时言语恪守信用，日常行为谨慎有节，为防止滋生邪念而心存诚实。不自夸对世人的贡献，而能以广博的德行教化天下。《易》说‘见龙在田，利见大人’，即指有德的贤者。”

九三说的“君子终日乾乾，夕惕若厉，无咎”是什么意思？孔子说：“这是指君子应增进美德、经营功业，为促进道德进步应讲求忠信之德。修省言辞应以诚信为本，为立业之便。知晓自己处事之极，方能全力以赴，把握时机，知道当止则止，才能把握事物发展的分寸。因此，这种人居于高位而不自傲，为人臣子亦不忧愤。所以总能自强不息，应时而动，随时警言慎行，这样即使处于险境，也不会有过失和灾祸了。”

九四说的“或跃在渊，无咎”是什么意思？孔子说：“贤者或于上位，或居下位，变动无常，但并非为邪僻之事。或者前进，或者后退，行无定律，但并非脱离百姓。君子进德修业，若能把握进退时机，就不会产生过失和灾难。”

九五说的“飞龙在天，利见大人”是什么意思？孔子说：“声调相同，则生共鸣；气息相近，则相吸引。水往低处流，火向燥处烧，景云随龙吟，谷风向虎啸。圣人的作为，使万物感应，真情显现。受气于天的动物随天体而动，故亲附于下。这就是万物各依其类的自然法则。”

上九说的“亢龙有悔”是什么意思？孔子说：“虽身居上位，但九五帝王之位已失，脱离了百姓。即使有九三这样贤明的臣子，却难以得到辅佐，这种形势之下一意孤行，必然会招来败亡而悔的后果。”

“潜龙勿用”，下也。“见龙在田”，时舍也。“终日乾乾”，行事也。“或跃在渊”，自试也。“飞龙在天”，上治也。“亢龙有悔”，穷之灾也。乾元“用九”，天下治也。

【译文】

[初九]“潜龙勿用”，指尚居下位，不能发挥作用。

[九二]“见龙在田”，指仍须等待，时机不成熟。

[九三]“终日乾乾”，指勤勉行事，自强不息。

[九四]“或跃在渊”，指正处于自我试练期，自试才干、观物察情。

[九五]“飞龙在天”，指居高位而展宏图。

[上九]“亢龙有悔”，指不知权变、穷极必反而自取灾祸。

乾元“用九”，指贤者并出，天下大治。

“潜龙勿用”，阳气潜藏。“见龙在田”，天下文明。“终日乾乾”，与时偕行。“或跃在渊”，乾道乃革。“飞龙在天”，乃位乎天德。“亢龙有悔”，与时偕极。乾元“用九”，乃见天则。

【译文】

[初九]“潜龙勿用”，指阳气深藏，难起作用。

[九二]“见龙在田”，指阳气升至地面，天下初显欣欣向荣的熠熠文明。

[九三]“终日乾乾”，指随时令运行不辍。

[九四]“或跃在渊”，指天道革新伊始。

[九五]“飞龙在天”，指已具备天的德行，恰逢其位。

[上九]“亢龙有悔”，指阳气与时令皆至极限。

乾元“用九”，妥善把握阳气之变，方可实现天道运行之法。

“乾，元”者，始而亨者也。“利贞”者，性情也。乾始能以美利利天下，不言所利，大矣哉！大哉乾乎！刚健中正，纯粹精也。六爻发挥，旁通情也。“时乘六龙”，以御天也。“云行雨施”，天下平也。

君子以成德为行，日可见之行也。“潜”之为言也，隐而未见，行而未成，是以君子“弗用”也。

君子学以聚之，问以辩之，宽以居之，仁以行之。《易》曰“见龙在田，利见大人"，君德也。

九三，重刚而不中，上不在天，下不在田，故乾乾因其时而惕，虽危无咎矣。

九四，重刚而不中，上不在天，下不在田，中不在人，故"或"之。"或"之者，疑之矣，故"无咎"。

夫"大人"者，与天地合其德，与日月合其明，与四时合其序，与鬼神合其吉凶。先天而天弗违，后天而奉天时。天且弗违，而况于人乎？况于鬼神乎？

"亢"之为言也，知进而不知退，知存而不知亡，知得而不知丧，其唯圣人乎！知进退存亡，而不失其正者，其唯圣人乎！

【译文】

乾卦所谓"元"，表示天始创万物而得以亨通。"利贞"，是指乾阳赋予万物性情。天创造万物，而又能以集美利他的特性惠及天下苍生，却不自夸功绩，这是何等伟大！伟大的天！刚健又中正，纯粹又精美。六爻变化无穷，但都在发挥与天的性情互通的作用。"时乘六龙"，就可以掌握万物生、长、成、藏的自然变化。"云行雨施"，则能带来天下苍生的太平安康。

君子的行为准则是完善道德，并且每天都能见到他合于道德的行动。[初九]所谓"潜"，虽有美德，却隐藏难见，试图行动，而时机不当，所以君子尚不能发挥其作用。

君子勤奋学习以积累学问知识，质疑问难以辨别是非同异，处世以宽厚之态，行事以仁慈之心。正如《易》[九二]所言"见龙在田，利见大人"，方为君子的美德。

[九三]以乾接乾，过分刚健，又不在九二、九五爻之中位。所以，上不接天，下不着地，正易招祸。因此，必须自强不息，保持警惕，这样即使有危险，也不会有过失之患了。

[九四]性刚但不居中位，上不接天，下不着地，中又将离于人，处于不定之位，动而有悔，故难定主意。"或"即疑惑不定之态，尚未采取行动，

因此不会有过失和灾难。

[九五]说的“大人”,应有天地无私化育万物的德行,功德应像日月一样光明普照,行为应像四时运转一样井然有序,言行应如阴阳二气一样应变有律,能够影响万物的生灭。他能预见天道规律的变化,即使行动先于天象,天也不会背弃他;若后于天象,就要谨遵天时的变化规律行事。天尚且不背弃他,人也应如此,阴阳的屈伸变化也同样有规律可循。

[上九]所说的“亢”,是指只知进取而不知及时隐退,只知生存而不知衰败消亡,只知取得而不知得而必失。大概仅有圣人才是明智的吧!能深知进退、存亡的道理,遵循中正的原则而不至过分的,大抵只有圣人了!

坤卦(䷁)

坤为地(坤下坤上)

坤:元亨,利牝马之贞。君子有攸往,先迷,后得主,利。西南得朋,东北丧朋。安贞,吉。

初六:履霜,坚冰至。

六二:直方大,不习,无不利。

六三:含章,可贞,或从王事,无成有终。

六四:括囊,无咎,无誉。

六五:黄裳,元吉。

上六:龙战于野,其血玄黄。

用六:利永贞。

【译文】

坤卦,卦形坤下坤上,由六个阴爻组成,象征地。静、柔、顺、卑是坤的特性,它以柔弱顺从为主。天地间生息之气始于天,万物之形成于地,天是本源而地是基石。它和乾卦有各自的特性,但合而观之又是不可分割的整体。三画卦乾性为健,六画卦乾性为至健;三画卦坤性为顺,六画卦坤性为至顺。有健方有顺，有顺故有健，健与顺相辅相成，对立统一，犹如天地、阴阳、男女两两相成不可分割，所以古人不单说乾或坤，而并称乾坤乃“易之门”。《序卦传》说：“有天地而后有万物。”正是将乾坤成诸卦与天地生万物等同起来。天地乃万物之首，乾坤为六十四卦之首。天地相谐，乾坤同步。《周易》首乾次坤，二者共生六十四诸卦，将“有天地而后有万物”，乾坤是“易之门”的思想深刻地体现出来了。

坤卦：其性柔弱顺从，使万物生发、旺盛通达，如同执着于正道而健行的母马。君子往来，必有所为，但先行反而迷惑，随后方能有所得，因而无害。若不守柔顺之德而只顾自夸，则无所归依。若能听从其主，随阳而动，便可以至亨通之境。西南方位属坤，其位又是巽、离、坤、兑等阴卦之居所；东北方位属艮，又是乾、坎、艮、震等阳卦之居所。故以坤之阴往西南，就可以寻到自己的同道中人，互助则吉。行之东北，则易失去友谊。不过若能安居正位，亦可大吉。

通常来说，得坤卦则任何事只要多加努力，自然结果通达顺利。卦意指示，奉命行事或受用于他人亦是良好的时机。但坤含有优柔寡断、卑顺谦恭之意，因而商谈之事总会遭遇敷衍之态，使事情发展受阻。同时，也会泥于为他人之事劳力费神。

初六：脚下踏着秋霜，预示着寒冬坚冰之季将至。

初六爻在初始之位，为坤卦最下方的阴爻，阴气凝结而成霜，但其力尚弱。到了阴气相加的降霜之季，其力必然渐强，终成坚冰——乾象之为冰。这是以一自然现象及其变化来说明本卦。君子应见微知著，由小见大，从因得果。

六二：阴爻居阴位，至纯，体现了坤德不偏不倚，平直方正、广而大有的特性。不需学习，只本于自然，也可以无往不利，这正是大地法则的光明至伟之处。

六二处下卦中位，故阴爻阴位得正，最为中正、纯粹，是坤卦成卦的主爻。因为大地直而延伸，有方向可循，极其广大，故以坤卦之直、方、大代表大地之形势，象征着大地的三种德行。

六三：含藏文采美德，依时转移，终可得名正通达。或而随君王从王事,但只要谨慎自谦,最后方有结果。

六三在奇数的阳位,是阴爻,属于从属之位,但仍有积极能动的力量。不过,“三”处下卦的最高位,终将一变。

六四:将口袋束紧,谨言慎行,虽然不得赞誉,但可避免灾祸。

六四爻是阴爻处阴位,却在上卦最下,虽正,但不得中,因为过于阴柔故是险位。说明要收敛行事。

六五:着黄色下服,象征保持中正平和,大吉。

六五爻在上卦中位,阴爻处阳位,故不正。以黄色象征处中之位。黄色指大地之色,为土。以下饰之服系其爻辞,因坤卦示为臣、为妻之道。

上六:龙交战于原野,至于死伤流出黑黄色血液的情形。

上六爻已至最高位,又是阴位,而坤卦六爻皆是阴爻,故阴已旺盛至极,处阴极反阳之位,与阳相争。阴气之初凝结为霜,渐而升至坤卦上爻,而最终成为凝成坚冰的极点——乾。上爻是成冰之时,阴阳相争,比于忠谗、善恶相斗,如同二龙战于野外,至于死伤流血,两败俱伤。

用六:宜于永守正道。

用六正与乾卦之用九相对,即阴乃为臣、为妻之道,守柔顺、贞正之志,则事得其宜,结果圆满。

《彖》曰:至哉坤元,万物资生,乃顺承天。坤厚载物,德合无疆。含弘光大,品物咸亨。牝马地类,行地无疆,柔顺利贞。君子攸行,先迷失道,后顺得常。西南得朋,乃与类行。东北丧朋,乃终有庆。安贞之吉,应地无疆。

【译文】

《彖传》说:至善至美的坤元啊!万物依赖其生长,它顺承着天的变化而变化。大地广德,厚载万物,其性包容、宽广、光明、远大,孕育万物,使各类旺盛生长。雌马与地属性相同,有驰骋无边疆域的能力,且性情柔顺、纯正、执着,这是君子应当效法的德行。坤先于乾,就会迷惑失途,紧随乾后方能找到合情之法。西南方向,可以找到能与之偕行的同道中人;东北方向,将易失去友谊,但终获吉祥。君子守坤道行事,与坤德柔顺谦卑相应,即可永保平安。

《象》曰:地势坤,君子以厚德载物。"履霜坚冰",阴始凝也。驯致其道,至"坚冰"也。六二之动,直以方也。"不习,无不利",地道光也。"含章可贞",以时发也。"或从王事",知光大也。"括囊无咎",慎不害也。"黄裳元吉",文在中也。"龙战于野",其道穷也。用六"永贞",以大终也。

【译文】

《象传》说:地之走势象征着坤之大顺,君子应效法地德,将德行广被苍生,如同坤地载育万物一样,完成天赋予的使命。

[初六]"履霜坚冰",阴阳二气开始相合,凝结成霜。这是以自然现象说明阴阳消长,阴气于此位开始增强,阳气逐渐消失,依从这一规律,终将导致"坚冰"的产生。

[六二]六二代表阴气,大地由它的运动而凝成,其性平直方正。"不习无不利",正是大地法则的光明至伟。

[六三]"含章可贞",依时而变发扬大地蕴藏的文采美质。"或从王事",其处理王事的智慧则因时变而广大。

[六四]"括囊无咎",谨言慎行祸患则不至。三爻四爻都是不显露它们隐藏的才德,但三爻的含章带有谦卑不显之意,而四爻的括囊则警诫之意尤为深切。

[六五]"黄裳元吉",意指含蓄、谦卑,文采内蕴不外露。

[上六]"龙战于野",是迫不得已穷途末路,当然情势凶险。事物的变化总是至于极点,才转向本质之变。

用六"永贞",指六爻皆变,坤阴化为乾阳,此乃不变的法则。也就是说,只有坚持纯粹平正,目光远大,方得大吉。

《文言》曰：坤至柔而动也刚，至静而德方。后得主而有常，含万物而化光。坤道其顺乎？承天而时行。

积善之家必有余庆，积不善之家必有余殃。臣弑其君，子弑其父，非一朝一夕之故，其所由来者，渐矣，由辩之不早辩也。《易》曰："履霜，坚冰至。"盖言顺也。

"直"其正也，"方"其义也。君子敬以直内，义以方外，敬义立而德不孤。"直方大，不习无不利"，则不疑其所行也。

阴虽有美，含之；以从王事，弗敢成也，地道也，妻道也，臣道也，地道无成而代有终也。

天地变化，草木蕃；天地闭，贤人隐。《易》曰："括囊，无咎，无誉。"盖言谨也。

君子黄中通理，正位居体，美在其中，而畅于四支，发于事业，美之至也！

阴疑于阳必战，为其嫌于无阳也，故称龙焉。犹未离其类也，故称血焉。夫玄黄者，天地之杂也。天玄而地黄。

【译文】

《文言传》说：坤的本性至柔至顺，但其承续乾阳而健行不息，柔中有刚；至静，但德行方正。坤阴遵守主从关系，承乾阳之后，阳施阴受共同含养万物，并使之化育发扬。坤道不是至柔至顺的吗？它得以秉承天的意志，依时运行。

积善的家族，子孙定会获得前人留下的诸多吉庆；积恶的家族，后代必然有前人遗留的众多祸殃。臣子弑君、儿子弑父等大恶之事的发生绝非偶然，必有根由，都是由于为君为父者没能早日辨别、觉察、防范的缘故，于是小恶积累所致大祸。因此，《易经》坤卦[初六]说："履霜，坚冰至。"这是事物发展的趋势和规律。

[六二]"直"为正，"方"即义。正直出于君子之内心，则必有敬意，待人接物各得其宜而不苟同。只要敬义之德根植于心，他的德行就绝不浅陋，因此说，"直方大，不习无不利"，是指不必怀疑君子的行为。

［六三］阴柔虽是美德，但要含蓄不外露；从事君王政事时，不能自居其功。地顺天的道理，妻从夫的道理，臣忠君的道理，亦皆如此，即必须遵守从属地位的法则。坤阴成乾阳之德，生育万物而不表功，但能代乾阳终其功业。

草木在天地的阴阳变化中得以繁茂；如果天地隔绝不通，贤人就只能隐居遁世。所以，《易经》坤卦［六四］说："括囊，无咎，无誉。"大概是阐述谨言慎行的道理吧！

［六五］君子的美好品质好比黄色中和，条理清楚则事理无不通达晓畅。应当把美德蕴于内心，流于四肢，发挥于外而成就其业，使自己安居正位，这才是坤之至美的体现。

［上六］坤阴已至极盛，而势近于阳，因而必与阳发生斗争，一反从阳的原则。极盛的阴与消退的阳交战，而为消除无阳与阴战之嫌，故称为"龙"战，而又恐以为无阴，故又称"血"表示未离阴位。玄黄，表示天地相杂，阴阳相混。天色为玄，地色为黄。

屯卦(䷂)

水雷屯(震下坎上)

屯：元亨，利贞。勿用有攸往，利建侯。

初九：磐桓，利居贞，利建侯。

六二：屯如邅如，乘马班如。匪寇婚媾。女子贞不字，十年乃字。

六三：即鹿无虞，惟入于林中。君子几不如舍，往吝。

六四：乘马班如，求婚媾，往吉，无不利。

九五：屯其膏，小贞吉，大贞凶。

上六：乘马班如，泣血涟如。

【译文】

屯卦，震下坎上，震为草，初春草芽在地下生长以求破土，而地上是冰冻未解之象,即外卦的坎。因此草芽艰难而不得出,这是屯卦卦意所在。由此,屯卦亦是四大难卦之一。

屯:虽有凶险但前途光明。得此卦不宜远行外出,但利于建立诸侯国。

大体而言,屯卦显示非吉。如同胸怀大志、满腹经纶之人,正期大展宏图,然而却遭荆棘阻碍,难以前进,以致郁郁不得志。唯有静待大有可为的时机,凡事总要谨慎坚忍,不可躁动轻进。

初九:徘徊不前之时,宜于静居守正,建立诸侯。

初九是屯卦之始,为屯卦之主爻,足以代表行动之艰难。阳爻处阳位,得正,又处阴爻之下,以人事比之,正是大有可为,利于建立诸侯基业的草创时期。

六二:众人聚集成群,骑马盘桓,欲进不进,但他们是为求婚而来,绝非盗寇。女子贞静自守,婚媾以后,不马上生育,满十年方可妊娠。

六二与九五正应,为柔中之爻。但它处初爻阳爻之上,又与其比,且初九是“利建侯”的对象,难免为之动心,心里有所逡巡与犹豫,而不能与正应的九五相接近,;以应爻为其配偶,乃婚姻之正道。六二与九五正应,九五应为六二之夫。六二正处在屯难之中,虽想接近九五但不能达成。六二得中正之位,乃柔顺中正之爻,虽然迷惑踌躇,但不致轻易亲近初九而舍弃正应的九五。六二即使婚媾亦坚守其贞静操守,直到十年已满屯难解除,才会孕育怀胎。

六三:追捕鹿却没有虞人做向导,独自入山林,君子虽企望捕到猎物,但再想前进十分凶险,因此还不如舍弃它。

六三在屯难之时,生性阴柔又缺乏才干,志短而行乏中正,又处在内忧外患青黄不接之时,如果一心躁进,则易产生过错而入险境,此爻旨在提醒加强警惕。

六四:骑马者徘徊不前,然而此行是为了求婚,前往的结果应是顺利吉祥的。

六四与下卦初九阴阳相应,但过于接近于上卦九五,由于初九、九五的相互牵制,使六四处于进退两难摇摆不定之境。但六四毕竟近于九五,只要往求必能结合,所以结果吉利而无不祥。

九五：恩泽无所施及而至于积滞，此卦占问小事尚吉，占问国之大事则凶。恩泽不施，国无贤臣。

九五虽中正，位居君王之位，但在屯难之时，亦恼恨行动之难。既然施遍恩泽而反遭孤立，致使力不能及，所以做好日常的小事还是吉祥的；但对于不足以承担的大事，孤行十分凶险。这种情况下，不可冒进，而应自保。

上六：骑马之人因看到有人悲泣不止、血泪淋漓而犹豫难断。

上六阴柔，却是缺少应援的至高之处，故陷入进无可取、退无可守的绝境，又看到有人悲伤不已、血泪横流，心中忧惧。故以物极必反来自戒。

《彖》曰：屯，刚柔始交而难生。动乎险中，大亨贞。雷雨之动满盈，天造草昧，宜建侯而不宁。

【译文】

《彖传》说：屯，阴阳始交，创始时期困难重重。震之为动，坎则为险，震动处于坎险之中，但有法可解，只要固守贞正即可畅行无阻。鼓动生长的雷音与滋润化育的坎雨盈于宇宙之间，天地初开一片混沌。此时虽利于创立诸侯基业，但也不会相安无事。

《象》曰：云雷，屯。君子以经纶。虽“磐桓”，志行正也。以贵下贱，大得民也。六二之难，乘刚也。“十年乃字”，反常也。“即鹿无虞”，以从禽也。君子舍之，“往吝”，穷也。求而“往”，明也。“屯其膏”，施未光也。“泣血涟如”，何可长也？

【译文】

《象传》说：雷而无声，云不成雨，比喻困难重重。因此乱世需要君子来治理，使之秩序井然。

［初九］虽然意有踌躇，但志行纯正，只要愿以己才屈居六爻最下，而不期望高高在上，那么谦卑之德足以感化民心，成为众望之所归。

［六二］之艰在于位处阳刚初九的近上方，困扰难以远离。“十年乃字”，是有悖常情的。

［六三］“即鹿无虞”，是没有向导而盲目追捕猎物。当前途凶险、无路可走，即“往吝”之时，君子应当舍弃目标。此爻是说，君子应适当取舍，把握时机而不可躁进。

［六四］求婚而“往”，是明智之举。

［九五］“屯其膏”，说明恩泽因未施遍而积滞。

［上六］“泣血涟如”，怎能长久呢？它的不能长久是显而易见的。

蒙卦(䷃)

山水蒙(坎下艮上)

蒙：亨。匪我求童蒙，童蒙求我。初筮告，再三渎，渎则不告。利贞。

初六：发蒙，利用刑人，用说桎梏，以往吝。

九二：包蒙吉，纳妇吉，子克家。

六三：勿用取女，见金夫，不有躬，无攸利。

六四：困蒙，吝。

六五：童蒙，吉。

上九：击蒙，不利为寇，利御寇。

【译文】

蒙卦，坎下艮上，内卦为水，外卦为山，为山下有水之象。正如前面有一座烟云袅袅的高山，山峰与坑谷若隐若现，山下水流潺潺。如此乃为蒙卦之象。

蒙：亨通。并非我求蒙昧之童，而是蒙昧之童来求教于我。就像应当诚心诚意去求卜筮一般。第一次已经明示他(吉凶)，而二次、三次地来麻烦神灵，便是亵渎，就不再指示他(吉凶)了。占问吉。

蒙卦之“亨”，正如屯卦一样，并不意味着亨通无阻。当凡事暗昧无知，一切还在蒙昧时期，仅仅凭借个人之力试图前进或后退，是难以达成的。务必要有良好的指导，随着指引去解疑除惑，才能达到亨通之境。

初六：初时使用刑罚禁止罪恶来启发蒙昧，然后施行教化，此为有利之举。但刑罚的作用应在于用刑具以示警诫，期望摘掉刑具而刑期无刑。如果一味重刑而过度，反而会招来反抗和羞辱。

初六是处最下方的阴爻，代表最幼稚蒙昧的时期，是启蒙之始，面对这个顽迷的蒙昧者，为达到启蒙的目的，与其不见成效地过于温和，不如严加督促。唯有利用刑罚使其畏惧并严加惩戒，而后施以教化，才能得到预期的效果。

九二：各类蒙昧都应为治蒙者所容；容纳妇人之善则吉，子能成家继业。

九二爻为蒙卦主爻，是开蒙之师。九二爻与六五正应而刚中，意味着包容并教育所有蒙昧之人。初、三、四、五等四阴爻在此都当作蒙来看。本爻一变下卦为坤，包之意，于家事而言说明妇人之善能为九二所容而得吉。

六三：轻佻且易于失身于有钱之人的女子不能娶进家门。这样的婚事不吉。

六三，阴爻阳位不正，虽与上九阳爻相应，但紧接于九二之上。既不舍九二，又上望上九，因而摇摆失去主张。

六四：蒙昧者处于困境，不利。

六四阴爻，蒙卦中只有此爻，其应爻与比爻都无阳爻，又无才能。好比一个蒙昧懦弱之人没有足以使其开蒙的师友，遇事则更觉困扰。

六五：童子蒙昧，但能虚心接受教导，故吉祥。

六五爻为阴爻，但上有阳刚上九，下与阳刚九二相应，得中处尊位，又得上下应援。故处于待变、将交的阶段，一旦变为阳爻，则吉。

上九：所治乃昏蒙至极者，故手段决绝，称为“击蒙”。击蒙以把握轻重适度为要，能达到“御寇”的目的则吉，若至于“为寇”则凶。

上九爻处于至高之位而性又阳刚，如同一个自以为是、孤高自傲之人。要以严厉的方法去压制他，使其态度扭转，否则将难见成效。

《象》曰:蒙,山下有险,险而止,蒙。蒙,亨,以亨行时中也。“匪我求童蒙,童蒙求我”,志应也。“初筮告”,以刚中也。“再三渎,渎则不告”,渎蒙也。蒙以养正,圣功也。

【译文】

《象传》说:蒙卦是形容山下有险而停止不前,故蒙昧不明的状态。及时行中正之教故谓之亨通。“匪我求童蒙,童蒙求我”,是指志趣相投的双方求教的过程。下卦九二以阳刚居中故曰“初筮告”,“再三渎,渎则不告”,意即对过度愚昧之人,告亦无用,不如不告。启蒙是神圣的培养正道的事业。

《象》曰:山下出泉,蒙。君子以果行育德。“利用刑人”,以正法也。“子克家”,刚柔接也。“勿用取女”,行不顺也。“困蒙”之吝,独远实也。“童蒙”之吉,顺以巽也。利用“御寇”,上下顺也。

【译文】

《象传》说:山下刚涌出的泉水,处于新生蒙昧状态,故称蒙卦。君子观此象,应以果敢不移之行,培育美德。

[初六]“利用刑人”,修正法典是为了端正法制。

[九二]“子克家”,三、四、五的阴爻都与之相近,且有包容精神。

[六三]“勿用取女”,因为此事难遂人意,进行不会顺利。

[六四]“困蒙”,因为远离贤者而困于艰难之境。

[六五]“童蒙”因为柔顺而谦逊故吉。

[上九]以“御寇”的态度,防止奸邪出现,能上下和顺,所以对教导和被教导者都有利无害。

需卦(䷄)

水天需(乾下坎上)

需：有孚，光亨，贞吉。利涉大川。

初九：需于郊，利用恒，无咎。

九二：需于沙，小有言，终吉。

九三：需于泥，致寇至。

六四：需于血，出自穴。

九五：需于酒食，贞吉。

上六：入于穴，有不速之客三人来，敬之，终吉。

【译文】

需卦乾下坎上，如同水汽已升到天上化为云，已失去原来所具有的润物之用。于是只能等待雨水降落，滋润万物。但同是等待之意的需与待，情形却不同。需是积极地等待，待却是消极地等候，因此并不采取行动。

需卦：怀诚信之心，方可广而亨通，占问则吉。虽有险阻也能渡过大河，但应先待时机，后而行事。

需卦与屯卦相近，此时已在进退维谷的困境之中，唯有退守待机，等至于五爻，变为地天泰卦，方可前进。

初九：在旷野之地等待，应保持距离，维系恒心，则不会产生危险。

初九爻在最下方，离上卦的险最远，故曰等待于旷野之地。初九为刚毅有恒的阳爻，因而不会有过失灾难。

九二：等待于沙洲之旁，将招致些微流言是非，但结果还是吉祥的。

九二较之初九更稍近于险阻。虽不会有大的灾难，但会听到一些责难的话，遭遇困境。不过九二有乾的刚毅之性和刚中之德，稳中求进，以待时机到来，最终结果还是吉利的。

九三：待于泥沼之旁，会招致盗寇。

九三爻较之九二爻更近于坎险，其危险的程度更甚。这是处在极其失足而危殆的地方。走错一步则必陷于坎陷之中而深受其害。九三是下卦乾之极，其前进的气势在三阳之中最为强烈，因此需格外戒慎。

六四：虽待于杀戮之地，但仍可脱险。

六四柔弱，但阴爻阴位故得正，因此不会轻动，不久即会从陷入的困境之穴中走出。等险难可济的时机已到，顺应变化，方能化险为夷。

九五：饮食而等待是唯一需要做的事情，占问则吉。

九五爻是需卦的主爻，此爻居尊位而性刚健，比喻人不急求事功而考虑周到，等待时机而心境悠然。

上六：有三名不速之客到来，此时身陷险中，唯有以礼相待，结果是吉利。

上六阴爻到三阳爻前进而至时，能不加拒绝而顺从地给予敬重，方得吉利。在下的内卦三阳爻意即三位贤者已等待多时，察觉此时是该进之时而进至此，上六居于需卦最高位，本来应由九五君位之人去给予款待，然而上六以阴爻居阴位，所以顺从于进而至此处的刚强的乾。也正因如此，终得大吉。此爻强调了以柔制刚之理。

《彖》曰：需，须也。险在前也，刚健而不陷，其义不困穷矣。"需，有孚、光亨、贞吉"，位乎天位，以正中也。"利涉大川"，往有功也。

【译文】

《彖传》说：需乃等待之意。前方有坎险，故必须等待时机。下卦乾刚健，本应健行不息，深入虎穴，但采取了待时的正确方法，避免陷入困顿穷乏之境。"需，有孚、光亨、贞吉"，是因为此卦的主爻九五居于至尊之位而刚健中正。故言"利涉大川"，意即前进定会成功。

《象》曰：云上于天，需。君子以饮食宴乐。"需于郊"，不犯难行也。"利用恒，无咎"，未失常也。"需于沙"，衍在中也。虽"小有言"，以吉终也。"需于泥"，灾在外也。自我"致寇"，敬慎不败也。"需于血"，顺以听也。"酒食贞吉"，以中正也。"不速之客来"，"敬之，终吉"。虽不当位，未大失也。

【译文】

《象传》说：天上之云待时而为雨，故卦名为需。君子观此卦，应待机而动，暂不可作为。

［初九］“需于郊”，则不冒进，“利用恒，无咎”，则因其不悖常情。

［九二］“需于沙”，居中以宽，犹未晚也。虽“小有言”，仍能得补救，以吉告终。

［九三］“需于泥”，九三阳刚而其势逼近上坎，自行而“致寇”，故云“灾在外”，但只要能待时而动、敬慎处事就不致遭遇败祸。

［六四］“需于血”，顺应时机和变化，最后方能脱险。

［九五］“酒食贞吉”，因其怀中正之德。

［上六］“不速之客来”，“敬之，终吉”。上六不处中正之位。然能以诚相待，则损失不为大。

讼卦(䷅)

天水讼（坎下乾上）

讼：有孚，窒惕，中吉，终凶。利见大人，不利涉大川。

初六：不永所事，小有言，终吉。

九二：不克讼，归而逋，其邑人三百户，无眚。

六三：食旧德，贞厉，终吉。或从王事，无成。

九四：不克讼，复即命渝，安贞，吉。

九五：讼，元吉。

上九：或锡之鞶带，终朝三褫之。

【译文】

讼卦坎下乾上，正是水天需卦卦形之颠倒。讼卦由于坎乾本性之差异而相争。就人事而言，受强者压制的人郁结烦闷之余，对居其上的强制之心生怨恨，责其非而攻讦之。

讼卦：怀有诚信而因闭塞感到恐惧。（争讼）中期平安大吉，但若一味逞强,最终必陷凶险。占得此卦利于见大人,(但)不宜涉大江。

诉讼并非快事,非万不得已不轻易兴讼。若一味固执己见,无论自己如何诚信有据,结果必受其辱而行难通达。

初六:不要长久纠缠于争讼之事,即使受到小的诘责,其结果仍是吉利的。

初六阴爻处最下方,而阳位不正,故而柔弱。虽与上卦九四阴阳呼应,但为九二所阻隔,故力量薄弱而无力排讼。但只要不再纠缠,虽受到些微的指责,结果还是吉利的。

九二:隐退是没能胜诉之后可行的最好办法,到自己的只有三百户人家的城邑之中躲藏起来。如此尚可免灾。

九二阳爻处本喜争讼的下卦中央,又与九五难以相应,无疑会发生争讼,但九二位低又不当位,因此是极其不利的。它强调的是应退让反省,不可逞强争讼。

六三:占而见此爻虽有危厉,但安享旧有之禄,最终可以获吉。或者顺从上九,而不以功成自居。

六三爻阴柔,既然无力与人相争,只能不存非分之想,享用已有的俸禄,也终将获得吉利。

九四:不能胜诉,返就旧理,改弦更张,安守本分,方可吉利。

九四阳刚,然其位不中不正,故争讼必败。而若能一改初衷,重返正道,也可终获吉祥。强调顺其自然、安行正理之便利。

九五:争讼而获胜,大吉。

九五为尊位,性刚且中正,象征诉讼得以被公正合理地裁断,故吉祥。

上九:君王赐以鞶带却遭到反对,于是一日之内三赐三夺,以喻争讼,足见其激烈程度。

上九阳刚处在讼卦之终,已至极位,对诉讼不可过于执着,要早日谋求和解,守其适度。即使争讼因一味逞强而获胜,也不可能长久。若要坚持官司,以压制和伤害对方这种方式得到自己想得的东西,不应推崇也并非君子之道。

《彖》曰:讼,上刚下险,险而健,讼。讼,“有孚,窒惕,中吉”,

刚来而得中也。“终凶”，讼不可成也。“利见大人”，尚中正也。“不利涉大川”，入于渊也。

【译文】

《彖传》说：讼卦，下坎险，上乾刚，坎险和乾健二者构成争讼之卦。讼卦“有孚，窒惕，中吉”，因阳刚处于中正之位，应是吉利的。“终凶”，则言争讼最终会失败。“利见大人”，即因得中正之道而受到崇尚。“不利涉大川”，是怕沉入深渊遭遇凶险。

《象》曰：天与水违行，讼。君子以作事谋始。“不永所事”，讼不可长也。虽“小有言”，其辩明也。“不克讼”，“归逋”，窜也。自下讼上，患至掇也。“食旧德”，从上吉也。“复即命渝，安贞”，不失也。“讼元吉”，以中正也。以讼受服，亦不足敬也。

【译文】

《象传》说：上天西转，下水东流，二者背行。违行则必有讼。君子观之，为防争讼当于做事之初便深谋远虑、高瞻远瞩。

［初六］“不永所事”，诉讼不宜过久。虽“小有言”，但是非终会不言自明。

［九二］“不克讼”，“归逋”，即逃窜。进行以下对上的诉讼，则是自取灾祸。

［六三］“食旧德”，对上位者顺从谦卑，则吉。

［九四］“复即命渝，安贞”，则不会有所失去。

［九五］“讼元吉”，居中正之位而性阳刚，大吉。

［上九］经争讼而赏其服饰，亦不足受人敬。

师卦(䷆)

地水师(坎下坤上)

师：贞，丈人吉，无咎。

初六：师出以律，否臧凶。

九二：在师中，吉，无咎。王三锡命。

六三：师或舆尸，凶。

六四：师左次，无咎。

六五：田有禽，利执言，无咎。长子帅师，弟子舆尸，贞凶。

上六：大君有命，开国承家，小人勿用。

【译文】

师卦，坎下坤上。水之为用，必须在地中或地之上，才能滋润生物。像师卦，水不在地上而在地下，这就不是平常的状态。以天气来说，或许是干旱，而在人类社会中也是一种灾变如战争。所以，师卦是一个有关战争的卦。

师卦：占问身为统帅的大人，吉而无害。

任意为之随心所欲并非用兵行师之道，在遇到凶顽的暴徒危害民众时，万不得已方可兴师。因此务必择取如九二爻一般智、仁、勇三者兼具的人做将领。此处“丈人”指九二爻，若能如此便可以不悖天理而行天下正道，故“无咎”。

初六：军队出征，纪律必须严明，否则师出再好，结果亦凶。

初六爻居师卦之始，以喻军队出师之始，讲求纪律为此时之首要。为保持军队和谐必须严格军律。

九二：丈人处于军旅之中，则吉而无害。君王给予了三次嘉奖。

九二是本卦唯一的阳爻，也是成卦之主爻，得到诸多阴爻之依从又处象征刚毅、中庸之中位，并与六五爻阴阳相应，得君王宠信。它处军旅之中而性属刚健，有为将之才，率领三军大吉。

六三：出师疑而不定，以致用车载尸战败而归，大凶。

六三阴爻阳位不正，象征刚愎自用而实际缺乏才能。位而不中，以喻统帅轻举妄动，一意孤行，必遭失败。亦指没有实力却空有气力，此为阴柔暗昧之爻。

六四：军队主动撤退，无害。

六四得正，阴爻处阴位，而不中，故志气和力量相对薄弱，难以制胜或制敌。不过有自知之明，了解己力所不及，洞察时势，暂时退避，方保平安。

六五：禽兽跑入良田之中，宜于捕获，无甚大害。长子领兵，又让次子们参与，他们必然要用车载尸战败而归，占问凶险。

六五阴爻，处上卦中央至尊之位，是此卦主体，其性柔顺、中庸，不会主动兴师动众，只有万不得已时方应战，其果必胜。九二为“长子”，“六三”“六四”为“弟子”，指次子以下，喻小人物。即使动机正当，若用人失误，不能统一军令，结果仍然大凶。此爻强调帅权统一的重要性。

上六：天子封诸侯、袭大夫，颁布命令，不能任用无才德的平庸之辈。

此爻是战争结束之爻。“师出以律”之战已毕，此时应论功行赏。此爻暗指事业或事件将告一段落。长久的辛勤和艰难之后的停歇确实使人心松懈。但正因为现在才是关键时刻，巩固创业成败在此一举，故应尤为警惕。

《彖》曰：“师”，众也。“贞”，正也。能以众正，可以王矣。刚中而应，行险而顺，以此毒天下而民从之，吉，又何咎矣！

【译文】

《彖传》说：部属众多之意为“师”，守持正固之意为“贞”。军队首领能率众多士兵部将以维持正义为己任，则天下无敌，可以称王。刚健持中而相互呼应，若如此，即使行于险地，也能至于平安顺达之所。兴师动众难免劳民伤财，荼毒天下，但拥有民众的支持拥护自然太平而有惊无险，又能有什么灾祸呢！

《象》曰：地中有水，师，君子以容民畜众。“师出以律”，失律凶也。“在师中吉”，承天宠也。“王三锡命”，怀万邦也。“师或舆尸”，大无功也。“左次无咎”，未失常也。“长子帅师”，以中行也。

"弟子舆尸",使不当也。"大君有命",以正功也。"小人勿用",必乱邦也。

【译文】

《象传》说：师卦地中有水。君子应当效法这一包容下民之精神，在百姓中蓄积群众之力。

[初六]"师出以律",相反,军队若纪律不明则会招致凶险。

[九二]"在师中吉",是受上天之恩宠。"王三锡命",是虑及天下万国之治亟须能臣。

[六三]"师或舆尸",战斗遭遇惨痛之败,大为而无功。

[六四]"左次无咎",战争的规律没有被违背。

[六五]"长子帅师",遵从中正之道行事。"弟子舆尸",则是用人不当而致。

[上六]"大君有命",以论功行赏。"小人勿用",因为用小人国家必定受到危害和灾乱。

比卦(䷇)

水地比(坤下坎上)

比：吉。原筮，元永贞，无咎。不宁方来，后夫凶。

初六：有孚比之，无咎。有孚盈缶，终来有它，吉。

六二：比之自内，贞吉。

六三：比之匪人。

六四：外比之，贞吉。

九五：显比，王用三驱，失前禽，邑人不诫，吉。

上六：比之无首，凶。

【译文】

比卦，坤下坎上。水处地之上，恰好得其所，地可受其滋润而济其用。

因此比卦内、外卦的位置非常自然,象征相互依附之意。

比卦:吉。再次占筮。从开始时就一直坚守正道,则无害。来朝且不安分的诸侯,迟迟不至者必怀凶险。

本卦教示亲比往来之关系,所以从开始时便以此为吉。与人亲比交往固然好,但交际往来应选择益友良友,因此需要看对方是否值得相与亲比,与九五爻那样刚健中正之人亲比则是应当的。本卦是教育人们独来独往,往往一事无成。凡事与他人相亲相辅,尤其是对方是可靠之人的时候,则吉。

初六:心怀诚信而相亲相辅,则无害。若心中满怀诚信,终有他人来亲比辅佐,吉利。

初六是比卦的第一爻,说明由诚信发端故而人人相亲,方无过失。

六二:发乎内心的亲比之情,是合乎情理的现象,亦吉。

六二处下卦中位,阴爻阴位,又和上卦九五阴阳相应,因而性情中正柔顺、上下呼应。相互亲辅而又坚持正道,必然吉利。

六三:所辅并非其应当亲辅之人。

六三不中不正,性属阴柔,上下爻及相应的上六皆是阴爻,阴阳相斥,怎能不令人由于亲非其人而难过?说明对于相亲相辅的对象应谨慎选择。

六四:对外则亲比于贤者,占问大吉。

六四与初六难以呼应,则向外以求而与九五相亲。强调贤明高尚者才值得依附。

九五:众所得见地亲辅。君王狩猎,三面驱围野兽,却放走迎面而来的,喻不讨伐同邑之人,无须惧怕,吉祥。

水地比卦的主爻是九五,即唯一的阳爻,处尊位而刚健中正,其他的阴爻都来跟从亲附。但使其亲附应通过感化,而不可强求。

上六:亲辅却无首领,凶险。

上六阴柔,已至此卦"上位无位"的极点位置,又性少刚毅,不具备领导者的素质,凶象毕露。

《彖》曰：比，吉也。比，辅也，下顺从也。"原筮，元永贞，无咎"，以刚中也。"不宁方来"，上下应也。"后夫凶"，其道穷也。

【译文】

《彖传》说：比卦，吉。比，亲辅之意，如下级对上级的亲辅与顺从。"原筮，元永贞，无咎"，因九五居上卦中位，阳爻阳位，性又刚毅中正，具备成为领导者的素质。"不宁方来"，指上下阴阳相应之态。"后夫凶"，说明拖延滞后必使亲辅之道穷尽。

《象》曰：地上有水，比。先王以建万国，亲诸侯。比之初六，有它吉也。"比之自内"，不自失也。"比之匪人"，不亦伤乎？"外比"于贤，以从上也。"显比"之吉，位正中也；舍逆取顺，"失前禽"也。"邑人不诫"，上使中也。"比之无首"，无所终也。

【译文】

《象传》说：水（坎）于地（坤）之上，为比卦。喻先王建立万邦，亲近诸侯。

[初六]比卦初六通过六四而上比于九五，故吉。

[六二]"比之自内"，则自无过失。

[六三]"比之匪人"，怎能不让人痛心呢？

[六四]"外比"于贤者，则是指亲附追随比自己更高尚贤能之人。

[九五]"显比"因居于中正之位而吉利。弃其违逆者而择其顺从者，才会出现"失前禽"的情况。"邑人不诫"，是因使臣之亲上者能守中正之道。

[上六]"比之无首"，则结果不善。

小畜卦(䷈)

风天小畜（乾下巽上）

小畜：亨。密云不雨，自我西郊。

初九：复自道，何其咎？吉。

九二：牵复，吉。

九三：舆说辐，夫妻反目。

六四：有孚，血去惕出，无咎。

九五：有孚挛如，富以其邻。

上九：既雨既处，尚德载，妇贞厉。月几望，君子征凶。

【译文】

小畜卦，乾下巽上。乾为天，巽为风。一阴力量有限，以其畜五阳，有稍停之状，故称小畜。有时即使正直，也会因为力量不足而不得不暂时停顿，难以有大的建树；不过，这只是不足以阻止行动的小的暂停，不久就可以亨通无阻，终究会实现原来设定的理想。

小畜卦：亨通。从城西飘来浓密的乌云，但未成雨而下。

此卦以一阴之小而畜五阳之大，阴阳不相交合则难以发生作用。如同乌云遍天却难成雨，无法滋润地上的万物。遭遇此卦，一定是在各方面有诸多困扰，正要着手之事，总不能如意。

初九：循正道而复原位，有何害处？结果是吉利的。

初九阳爻阳位得正，与六四又阴阳相应，六四不足以成为升进之中的障碍，故仍能复归正道而返。这是重走正途，所以不会有什么过失，故吉。

九二：牵引上升复归原位，吉。

九二爻处下卦中位，以阳刚之性亟欲前进，又与初九携手并进，定可克服阻碍，复归正道，故吉。

九三：车身与车轴二者分离，以喻夫妻失和，反目成仇。

九三爻在内卦乾的极点之位，极易猛进，而六四阻其向前，二者冲突不断。

六四：想免去伤害和忧惧则应心怀诚信。无害。

六四乃小畜卦成卦之主爻，下面三个阳爻前进受其阻碍，自然担心会深受其害。但阴爻处阴位得正，性又柔顺，能谦卑容人，上方两个阳爻又施以援助，故能避免伤害和忧惧。

九五：心怀诚信则相系相牵，可与邻居共享富贵。

九五爻位中正而至尊，有实力与六四合作，协力同心，实行小畜之道。若能以诚待彼此，当与其邻共享富贵。

上九：雨初下而又止，有车运载尚可，妇女行占问则险。君子若于每月既望出征，则凶。

上九爻已至畜积之极，应停止贪得无厌而安于现状。阴受到五阳之敬而功德圆满，凌驾于诸阳之上而恒阴盛极，阴畜养五阳实是反常现象。比之于人事，则是妻凌驾于夫，虽用心不假亦固然和谐，但长远看结果还是危险的。

《彖》曰：小畜，柔得位而上下应之，曰小畜。健而巽，刚中而志行，乃亨。"密云不雨"，尚往也。"自我西郊"，施未行也。

【译文】

《彖传》说：小畜卦，六四以其柔得其位，并与上下阳爻呼应，故名小畜。阳爻刚健而受到约束，居中以阳刚，故可以实行其志，故而亨通。"密云不雨"，因云在天上飘过而不驻。"自我西郊"，雨还未下。

《象》曰：风行天上，小畜。君子以懿文德。"复自道"，其义"吉"也。"牵复"在中，亦不自失也。"夫妻反目"，不能正室也。"有孚惕出"，上合志也。"有孚挛如"，不独富也。"既雨既处"，德积载也。"君子征凶"，有所疑也。

【译文】

《象传》说：风行天上，甘霖在酝酿之时，还未普降，称为小畜。君子观此象，应使自己的文章、道德日益增进，积蓄力量，以待大展宏图的时机。

［初九］"复自道"，其中自有"吉"之意。

［九二］"牵复"居于中位，自己不会遭遇损失。

［九三］"夫妻反目"，指家庭不和。

［六四］"有孚惕出"，志向与上方的阳爻相合，并在防卫之时齐心协力。

［九五］"有孚挛如"，富贵不能独享。

［上九］"既雨既处"，以车运载蓄积之物。"君子征凶"，是因为对敌情疑惑不明。

履卦(䷉)

天泽履(兑下乾上)

履：履虎尾，不咥人，亨。

初九：素履往，无咎。

九二：履道坦坦，幽人贞吉。

六三：眇能视，跛能履，履虎尾，咥人，凶。武人为于大君。

九四：履虎尾，愬愬终吉。

九五：夬履，贞厉。

上九：视履考祥，其旋元吉。

【译文】

履卦，兑下乾上，乾为天在上，居其应处之所在；兑为沼泽，居于低处为其恒常之位置。这一卦的卦形，恰与小畜卦上下相反，彼此是综卦，一停一进交互作用。

履卦：踩到了老虎尾巴，而(老虎)并不咬人，(此占)亨通。

刚健的乾在前，柔弱的兑紧随其后，所以用踩到老虎尾巴来比拟二者关系。不过，兑有和悦之德，不会危害他人，就算对方凶猛得像老虎一般。可在占断时释为通达。

初九：行事清白则没有过失。

初九阳爻居阳位，无比爻亦无应爻，如同无人接引和帮助，仅凭个人力量努力伸展和践行。

九二：前途光明广阔，占问者为隐居之人得此大吉。

九二阳爻处下卦中位，性属刚健而中庸，但排斥同性的九五应爻，不被重用而显于世。其执着纯正，坦坦荡荡，不劳其心志以耽荣辱，自然吉祥。“贞吉”指精神之安泰。

六三：一只眼瞎仍能看，一条腿瘸尚能行，踩到了老虎尾巴而致其咬人，呈凶象。武人欲凌驾于众人而登国君之位。

六三阴爻居阳位，不中不正。个性柔弱却不安分守己，其气有余而其力不足，又自不量力。此指倔强而又自傲之人，有被老虎咬伤之险而自取灾祸。

九四：踩到了老虎尾巴，虽使人惊惧，但有惊无险。

九四阳爻居阴位，与六三正相反，空有才干，但勇气不足，又在九五君主之近侧，唯有时常戒惧恭敬，方保吉祥。

九五：毅然决然地践行，占之有危厉。

九五爻乃履卦主爻，在乾刚强之中位，性刚健而中正，下卦兑性又悦服，会使其忽视仁慈之心而有偏颇，以致其恣意妄为、独断专行。如此动机即使纯正，也会遭遇危险。

上九：其祸福吉凶需周密地考察，而后行动，原道返回方可大吉。

上九阳爻居阴位，不中不正而可以“元吉”，是因其已到履卦的最后阶段，若圆满地完成践履，又无过失，自然是大吉大利。

《彖》曰：履，柔履刚也。说而应乎乾，是以“履虎尾，不咥人”，亨。刚中正，履帝位而不疚，光明也。

【译文】

《彖传》说：履卦，以阴柔的阴爻位于刚健的阳爻之上。兑欢欣地呼应于上卦之乾，所以“履虎尾，不咥人”至于亨通。九五爻居中正之位，性又阳刚，践履帝王之位而不生过失，是光明坦荡的。

《象》曰：上天下泽，履。君子以辨上下、定民志。“素履”之往，独行愿也。“幽人贞吉”，中不自乱也。“眇能视”，不足以有明也。“跛能履”，不足以与行也。“咥人”之凶，位不当也。“武人为于大君”，志刚也。“愬愬终吉”，志行也。“夬履贞厉”，位正当也。“元吉”在上，大有庆也。

【译文】

《象传》说：履卦，天处上，泽处下。君子应以此象辨别君臣上下之位，引导百姓向正确的方向前进，使百姓安居乐业，以定民志。

[初九]以“素履”前往，是以一人之力推行其志愿。

[九二]“幽人贞吉”，内心沉稳安定而不烦乱。

[六三]“眇能视”，但限制视力；“跛能履”，但阻碍行动。因处位不当而有“咥人”的凶险。“武人为于大君”，则是刚愎自用的行为。

[九四]“愬愬终吉”，有志于志愿的实现。

[九五]“夬履贞厉”，虽然处正当之位。

[上九]“元吉”处上，则大吉。

泰卦(䷊)

地天泰(乾下坤上)

泰：小往大来，吉，亨。

初九：拔茅茹，以其汇，征吉。

九二：包荒，用冯河，不遐遗。朋亡，得尚于中行。

九三：无平不陂，无往不复，艰贞无咎。勿恤其孚，于食有福。

六四：翩翩不富，以其邻不戒以孚。

六五：帝乙归妹，以祉。元吉。

上六：城复于隍，勿用师，自邑告命。贞吝。

【译文】

泰卦,乾下坤上。天处下,地处上,以喻天地阴阳二气相交万物生成,故安泰。这一法则若能恰当运用,可以使人们的生活至于和谐亨通。

泰卦:坤阴远离,乾阳近来。如此一阴一阳,来往升降,交错协调。吉祥亨通。

泰卦说明事态迄今为止还很好,但再过不久即将动荡难安,所以必须谨慎行事。此卦变为其他卦象,多半不吉利或不如人意;而由另一卦交至此卦时,结果反而是吉利或如意的。

初九:拔茅草而连带其同类,齐力行动则吉。

初九阳爻处最下位,是阳刚开始升进之象。但需与同道之人共同升进和努力。下卦的三阳爻即象征志同道合的朋友。此爻告诫应共谋发展而不耽于享乐。

九二:取大川,涉大河,不因距离遥远而遗弃。性情刚正而不结朋党,得配中正之位。

九二阳爻处柔位,是性格刚毅果敢而外表容忍柔和之象。但有时也要有取川涉河的决心和手段,不遗忘日渐疏远的人与地。欲保持安泰之象则应坚持刚柔并济和宽宏大量的中庸原则。

九三:没有只平而不陂者,也没有只往而不返者,在艰险中仍持守中正则可有惊无险。只应心诚坚定地追求目标,无须忧虑。(此占)将有口福。

九三爻是阳刚盛极之时。泰极否来,必遇阻碍,而此时正是二者转变的临界点。此爻表明物极必反的道理,告诫人们应坚守初衷,不改正道。

六四:轻佻之人难保其财,是自取灾祸,而并非邻人不诚信。

六四阴爻阴位得正,初九与其阴阳相应,故近邻之六五、上六对其格外信任,跟随其一起行动而无须警惕。居安思危,不可掉以轻心,更应团结。

六五:帝乙嫁妹,福将至之。大吉。

六五爻乃泰卦主爻,阴爻得中,持谦虚中庸之道,又与九二相应,是天子将妹妹下嫁给有才之人，自然吉庆。说明在安泰之时，更应选贤举能。

上六：城墙倒塌之后其土又回到壕沟之中，不可出师，必于城邑之中祈告天命，占之有悔吝之象。

上六是泰卦之极，乃盛极而衰之时。表明颓势已显、泰极而否，不可逞强挽救，只可尽力使损失减少到最低。

《彖》曰：泰，"小往大来，吉，亨。"则是天地交而万物通也，上下交而其志同也。内阳而外阴，内健而外顺，内君子而外小人。君子道长，小人道消也。

【译文】

《彖传》说：泰卦，"小往大来，吉，亨"。指天地之气交感而通达万物，上下相交，君臣调和，统治稳定。内卦乾阳，刚健为君子；外卦坤阴，柔顺为小人。君子之道兴盛，小人之道则衰落。

《象》曰：天地交，泰。后以财成天地之道，辅相天地之宜，以左右民。"拔茅征吉"，志在外也。"包荒，得尚于中行"，以光大也。"无往不复"，天地际也。"翩翩不富"，皆失实也。"不戒以孚"，中心愿也。"以祉，元吉"，中以行愿也。"诚复于隍"，其命乱也。

【译文】

《象传》说：天之阳气上升，地之阴气下沉，阴阳交合，万物方生长、通泰。君王观此象，当裁成天地之道，利用已掌握的自然规律，助自然之化以合时宜，从而使百姓安泰。

［初九］"拔茅征吉"，外卦六四将与其行动的志向相投，共同出世，共展其能。

［九二］"包荒，得尚于中行"，此是光明坦荡的。

［九三］“无往不复”，已至天地变化之极。

［六四］“翩翩不富”，是不诚造成这样的结果。“不戒以孚”，意愿是发乎于心的。

［六五］“以祉，元吉”，以中道践行其志。

［上六］“城复于隍”，天命将改，政权将倾。

否卦(䷋)

天地否(坤下乾上)

否：否之匪人，不利君子贞。大往小来。

初六：拔茅茹，以其汇，贞吉，亨。

六二：包承，小人吉，大人否。亨。

六三：包羞。

九四：有命无咎，畴离祉。

九五：休否，大人吉。其亡其亡，系于苞桑。

上九：倾否，先否后喜。

【译文】

否卦，坤下乾上。与前一卦泰卦恰好有相反之意。在泰卦中，天地二气相交通，万物在安泰之境里均得以亨通。而在否卦，天在上而地居下，且愈低，彼此间隔阂愈大，而且其作用也难以发挥，事物皆处于否塞之时。但否泰两卦如同一个铁环的两极不可分离，并非各自独立处于自身的态势之中。

否卦：否塞之时小人得利，君子占问则不利。大(乾阳)往而小(坤阴)来。

否卦乃阴成长于内卦而驱阳至外卦，以喻君子遭小人排斥之象。否泰两卦均以内卦为其时，而至于外卦，则是相反的卦旨开始发生作用，气运转移之时。泰卦于外卦渐见否卦之运，而否卦，应以内卦为否中之否，以外卦为否中之泰去判断。表面上否卦处于阻塞不通之势，而另一面却渐见泰安通达之象。因此应尽量作用于内行事，不要拘于表面，方能达到目的。

初六：拔茅草，其同类受连带，说明占卜吉利通达。

下卦的三个阴爻，如同茅草的根，相互牵连带动，呈上下难通之象。因是初爻，还未充分显露其为小人的凶恶面目，故告诫君子应精诚合作，方保亨通吉祥。

六二：包含，承顺，小人吉，君子不吉。亨通。

六二阴柔处中位，阴爻阴位得正，虽是小人，但尚能明是非，顺时势，故吉。然而君子正是无可作为之时，故行为不要背离时势或显现其道，否塞之运应予以顺从和包承，以期亨通之时。

六三：屈己从上而恬不知耻。

六三阴爻处阳位，不中不正，完全是小人之象。且接近于上卦阳爻，有谋害君子之意而恬不知耻。

九四：受君命而行即无过失，相依附的众人同得福禄。

九四爻为否中之泰的开端，居于君侧，处要位而为君子效力，才得以没有过失。如此并非自己个人之福而是惠泽同辈。

九五：否运将息，大人得吉。对危亡戒慎恐惧，如同处于桑树细枝将断而岌岌可危的状态中。

九五阳刚中正，排除小人之势的时机已至，但仍应警惕反击、谨慎行事。

上九：否运已反转，先天下忧而忧，后天下乐而乐。

上九已是否卦之终，事物发展的必然趋势则是物极必反。上九阳爻之刚毅足使闭塞之运倾转，以喻否极则泰来。

《彖》曰："否之匪人，不利君子贞，大往小来。"则是天地不交而万物不通也，上下不交而天下无邦也。内阴而外阳，内柔而外刚，内小人而外君子，小人道长，君子道消也。

【译文】

《象传》说:“否之匪人,不利君子贞,大往小来。”即指天地、阴阳二气不相交接而万物不能亨通繁盛,君臣上下不通而使国家得不到治理,如同一盘散沙。内阴而外阳,内柔而外刚,以喻小人主事于(朝廷)内,而君子听命于(朝廷)外,这种情况是小人得势而君子力衰之态。

《象》曰:天地不交,否。君子以俭德辟难,不可荣以禄。“拔茅贞吉”,志在君也。“大人否,亨”,不乱群也。“包羞”,位不当也。“有命无咎”,志行也。“大人之吉”,位正当也。否终则“倾”,何可长也。

【译文】

《象传》说:否卦指天地不相交接。君子应收敛己才,以避乱世;以免耽于荣华富贵,误与小人同流合污。

[初六]“拔茅贞吉”,心崇君上(指九四)而安于下位。

[六二]“大人否,亨”,不可使上下不通,阴阳不明。

[六三]“包羞”,处阳刚之位而性阴柔,不中不正,不当其位。

[九四]“有命无咎”,以其阳刚相交于下位初六之阴柔,以改善否塞不通之运。

[九五]“大人之吉”,居中正之位,六二在下与之相应,故可成大人之志。

[上九]否卦至于极点,则会被“倾”覆,不会长久闭塞正是由于否极泰来的自然规律。

同人卦(䷌)

天火同人(离下乾上)

同人:同人于野,亨。利涉大川。利君子贞。

初九:同人于门,无咎。

六二：同人于宗，吝。

九三：伏戎于莽，升其高陵，三岁不兴。

九四：乘其墉，弗克攻，吉。

九五：同人，先号咷而后笑，大师克相遇。

上九：同人于郊，无悔。

【译文】

同人卦，离下乾上。事物不会一直处于否塞之中，至于极点之后，上下不通的情形会渐渐消失，只要同道之人齐心协力，必能破否塞之境而立亨通，故同人卦配在否卦之后。

同人卦：处旷野而与人求同，则亨通。利涉大河，君子宜行正道。

其目标光明正大，又与同道中人齐心协力向前，能做到人际协调、互相沟通，即使有如涉大川的险难之事，也能完成。

初九：走出家门与他人和同，不会有过失。

初九是同人卦初始第一爻，与九四不相应，性又刚毅。表明与人交往时并无私情，故能走出家门以求大同。说明和同首先要破除门户之见。

六二：只与同宗族之人和同，则寸步难行。

六二与九五阴阳相应，中正得吉，但本卦却不甚吉利。因为六二承为“宗”的初九及九三，故有“于宗”之词。六二只与其同宗为同人，对自己的同宗过于亲近，正应的君、夫反遭舍弃，不合正道，这是“吝”。

九三：兵卒埋伏于草丛之中，敌人却先登高陵，居高临下，打得伏兵惨败，以至元气多年难以恢复。

九三阳爻阳位，却不处中位，故性情过于刚强、暴躁，又与上九相斥，其接近六二之意尤为强烈。而九五与六二关系密切，正相呼应，若夺走六二，九五必定追击，虽然九三暗藏伏兵，仍为九五所打败。

九四：登高墙而不再攻城取夺，吉利。

九四并非六二的应爻和比爻。因此虽登高墙，却不抱过分的希望，见好就收。九三暗施计谋伏戎于莽，但九四却有自知之明及时收手，故占断吉祥。说明正义之和同必然使邪恶屈服。

九五：与人和同，先遇险号哭而后得援大笑，大军克城之后而会师。

九五爻是成卦之主，六二有同人之因，而九五为其正配之爻。所以六二是九五践履同人正道，求而得之的一爻。用先哭而后笑来比拟因为和同而得到援助，并达到目标的过程，说明和同仍需必要时采取手段排除万难，先苦而后甘。

上九：与城邑之外的人和同，行无悔恨。

此卦上九居于最外，里无应者，故唯有与城邑之外的人和同。但他再孤独也不会同流合污，有早觉之心而常怀悔恨。表明应积极和同但也不能同流合污。

《彖》曰：同人，柔得位得中，而应乎乾，曰同人。同人曰："同人于野，亨，利涉大川"，乾行也。文明以健，中正而应，君子正也。唯君子为能通天下之志。

【译文】

《彖传》说：同人卦，阴爻得位持中，性又柔顺，与九五相呼应，故名同人。同人言："同人于野，亨，利涉大川"，得以推行君道。文明而刚健，中正而呼应，此为君子的美德。唯有君子方能一统天下民众之志。

《象》曰：天与火，同人。君子以类族辨物。"出门同人"，又谁咎也？"同人于宗"，吝道也。"伏戎于莽"，敌刚也。"三岁不兴"，安行也。"乘其墉"，义"弗克"也。其"吉"，则困而反则也。同人之先，以中直也。"大师相遇"，言相克也。"同人于郊"，志未得也。

【译文】

《象传》说：天与人，共成同人卦。君子观此象，以析出人事族类，分辨事物情况。

［初九］出门能与人求同，有谁会怪咎笑脸之人呢？

［六二］“同人于宗”，过于狭隘，故曰“吝道”。

［九三］“伏戎于莽”，是因为敌人过于强大而遭遇失败，“三岁不兴”，行动如何能取得成功呢？

［九四］“乘其墉”，此为不义之举，故失败。其“吉”，则是因其处穷困之境而仍能谋求改过。

［九五］同人先哭，是指刚健、中正的九五正一心一意地追求相应的柔顺中正的六二。“大师相遇”即指齐心协力求胜克敌。

［上九］“同人于郊”，指志愿尚未实现。

大有卦（䷍）

火天大有（乾下离上）

大有：元亨。

初九：无交害，匪咎，艰则无咎。

九二：大车以载，有攸往，无咎。

九三：公用亨于天子，小人弗克。

九四：匪其彭，无咎。

六五：厥孚交如，威如，吉。

上九：自天祐之，吉，无不利。

【译文】

大有卦，下乾上离，此卦由天火同人卦易位而成，之后可取象为天上有日。照耀并化育万物的太阳，象征大德。六五阴爻，处尊位得中，相应于下卦之“乾”，象征承天命，得人心，可以领导百姓共同完成伟大事业。故占断为大亨通。

大有卦：亨通之大。

此卦正是诸事处于旺盛、丰裕而荣盛光耀至极的时候。其优势必将随着时间的推移而减小。所以，务必趁此时做万全的准备。此外此卦与泰卦有相似之处,与其在本卦得之,不如于之卦得之更为有利。

初九:不互相伤害,则无灾祸。遭遇险阻之时保持警惕戒惧,则无过失。

初九为大有卦之始,仍处于一心一意力保其大的阶段。虽然缺少有力的援助,还不能出人头地,但只要不相互妨害,虽无大的收获,亦不会有大过失。

九二:大车载重,能者多劳,又对别人有所赠予,所以没有灾祸。

九二居中位,性阳刚,做事适度而有才能,又应于六五,以喻受到信任,并委以重任,如同车载重物,能者多劳。所往之处皆有所赠予,所以没有灾祸。以此强调中庸的重要性。

九三:公侯敬奉贡品给天子,小人则难为。

九三在下卦的最上位,阳爻阳位得正,性又阳刚,相当于公侯。将自有之物敬奉天子,为臣子之道,朝献贡品尽心尽力,若是小人则不知奉献而存贪念。

九四:不以盛大之态为骄。没有灾祸。

九四阳刚,但是极力压抑而不表露自身尤为充沛的势力。此阳爻在六五君王之侧,具有权威,但知道应自持,故能守其位,不自夸聪明,则灾祸不至。

六五:交往以其诚,兼有威严,吉。

六五爻为成卦之主爻,处中位,性本柔顺谦卑,加之中庸而不偏颇;又处尊位而与九二刚柔相应。比之以人事,则是上以诚待下,下必以诚报之。但必须要保持威严,恩威并施,方保吉祥。

上九:有上天庇护,吉无不利。

上九爻为大有卦之终,乃中天日耀,盛极之时。强调应有大满不溢、虚怀若谷的修养。

《彖》曰:大有,柔得尊位大中,而上下应之,曰“大有”。其德刚健而文明,应乎天而时行,是以元亨。

【译文】

《彖传》说：大有卦，大有之尊位，阴爻以柔处之，而上下阳爻均与之呼应，故称大有。其有刚健文明之德，又得天应时序，故大亨通。

《象》曰：火在天上，大有。君子以遏恶扬善，顺天休命。大有初九，无交害也。"大车以载"，积中不败也。"公用亨于天子"，小人害也。"匪其彭，无咎"，明辨晳也。"厥孚交如"，信以发志也。"威如"之吉，易而无备也。大有上吉，"自天祐"也。

【译文】

《象传》说：大有卦，[乾下离上]火行于天上。君子观此象而行事，当惩恶扬善，顺其天理，美其性命。

[初九]大有卦初九，没有相互妨害。

[九二]"大车以载"，车中堆积如山的财物不会变坏。

[九三]"公用亨于天子"，"小人"那样行为便生祸端了。

[九四]"匪其彭，无咎"，是极其明智之举。

[六五]"厥孚交如"，伸信义而明大志是其目的。"威如"而吉，是由于无须防备简易之行。

[上九]"自天祐"，故大有卦的上九得吉。

谦卦(䷎)

地山谦(艮下坤上)

谦：亨。君子有终。

初六：谦谦君子，用涉大川，吉。

六二：鸣谦，贞吉。

九三：劳谦，君子有终，吉。

六四：无不利，㧑谦。

六五：不富以其邻，利用侵伐，无不利。

上六：鸣谦，利用行师征邑国。

【译文】

谦卦，艮下坤上，高耸入云之山而屈居地之下，象征谦虚、谦让。谦卦排在大有卦之后有其独特的考虑。大有是丰收隆盛之时，但至极则灾祸将行。因此如何才能维持富有而不至于酿成灾殃呢？那就需要配以谦卦，以谦逊谦卑之德而守其恒。

谦卦：亨通。君子得其善终。

本卦是说，凡事不宜轻举妄动，需藏其锋芒，静待时机，必有能一展宏图之时。若盲目前进而不忍耐，则必败。另外此卦有树枝于高处掉落而被掩盖之象。

初六：君子有怀才谦卑之态，以涉大河，吉。

初六阴爻，性柔顺，甘心屈居下位，方是君子应有之态。以“用”字强调并非只是消极退让，谦虚更是有所作为。

六二：声名远播而能谦虚，占问吉利。

六二处下卦中位，又阴爻阴位，故吉祥。

九三：功勋卓著而能谦虚，君子得其善终，吉。

九三处下卦最上位，是此卦唯一的阳爻，以喻肩负重任之人，阳爻性情刚毅，阳位得正，所以上下五个阴爻都以它为重心而信赖它。说明真正的谦虚是有骄傲的资本而不骄傲。

六四：无一不顺利亨通，随时谨慎地行谦德。

六四阴爻阴位得正，又在君主近侧，善于施行谦卑之德，则占断定会吉利。

六五：由于受邻国掠夺以致国家不富，时机对讨伐侵略者有利，故无往不利。

六五阴爻，性柔顺而谦卑，处至尊之位象征有德之人，但过于谦卑则易受讥侮，故宜讨伐欺侮之人。保有谦德，则众望所聚，也就无往不利。

上六：声名远播而能谦虚，利于出师以讨伐邻国。

上六乃谦卦之极，有将变不逊之兆。故要和应位主劳谦君子的成卦同心协力，去讨伐不逊不服而行侵略的邻国。

《彖》曰：谦，亨。天道下济而光明，地道卑而上行。天道亏盈而益谦，地道变盈而流谦。鬼神害盈而福谦，人道恶盈而好谦。谦，尊而光，卑而不可逾，君子之终也。

【译文】

《彖传》说：谦卦，亨。对下周济而普照光明是为天道，位置卑下而能使气上云天是为地道。天道损有余、补不足。鬼神惩罚骄傲自满者，而庇护谦虚恭敬者。谦虚散发人格光辉，受到敬仰，在位卑之时也不逾越原则，故君子能有始有终。

《象》曰：地中有山，谦。君子以裒多益寡，称物平施。“谦谦君子”，卑以自牧也。“鸣谦贞吉”，中心得也。“劳谦君子”，万民服也。“无不利，㧑谦”，不违则也。“利用侵伐”，征不服也。“鸣谦”，志未得也。“可用行师”，征邑国也。

【译文】

《象传》说：谦卦地中有山。君子观此象而行政事，当损有余而补不足，称量物品以平均施于众人，使天下公平。

[初六]“谦谦君子”，甘处卑下之位，以此修养谦虚之德。

[六二]“鸣谦贞吉”，这是心中对谦虚之德有所领悟之故。

[九三]“劳谦君子”，万民莫不归服。

[六四]“无不利，㧑谦”，是不背离原则。

[六五]“利用侵伐”，是为讨伐不逊之人。

[上六]“鸣谦”，仍不得志，“用行师”征战邻国，使正义得到伸张。

豫卦(䷏)

雷地豫(坤下震上)

豫：利建侯行师。

初六：鸣豫，凶。

六二：介于石，不终日，贞吉。

六三：盱豫，悔；迟，有悔。

九四：由豫，大有得。勿疑，朋盍簪。

六五：贞疾，恒不死。

上六：冥豫成，有渝无咎。

【译文】

豫卦，坤下震上。震为雷，坤为地，雷现于地上。雷春季跃出于地上，惊醒万物，使万物欣欣向荣，指示人们应与物做到天下同乐，以存乐去忧。

豫卦：利于封侯建国及行军打仗。

豫卦乃雷奋出于地上之象，人与万物都至奋进而动之时。社会开始认识和了解从前屈居于人下之人，并渐见其喜悦而一展抱负之时。但是雷有声而无形，所以可能徒有虚名而无实利。同时过度愉悦往往会导致懈怠虚逸并因此失败，以至于反而酿成灾祸而不得善终。即便如此，至少也暗示了其身份地位、居所条件等方面会有变动。

初六：过度逸乐，闻之于声，将有灾祸。

初六阴爻居阳位不正，而应于九四，其能够随心所欲，有恃无恐，以致忘乎所以皆是因为有上层强大的支持和援助。过度逸乐的结果必然凶险非常。对于愉悦的享乐应适可而止，否则不吉。

六二：坚如磐石，随时都慎思谨行，明辨吉凶，坚持正道，故吉。

六二阴爻阴位得正，又居中位，表明唯独他头脑清醒，而其余上下各位都沉溺于安逸欢乐之中，不应终日耽溺于欢乐，而应适度有分寸。

六三：以谄媚为乐，早晚应悔改；迟迟不能改正者，将悔恨不已。

六三阴爻处阳位不正，又不居中位，但接近强劲的九四，对九四察言观色并迎合其意，乐于谄媚。因此必须悔改，若不悔悟，必将悔之莫及。

九四：有缘由的安乐，自然大有所得。群朋会因至诚不疑的品德而聚合。

本卦唯一的阳爻即是九四爻，众阴亦赖其而得安乐。它是成卦之主爻，处臣位，与上下各阴爻为朋友、同志而与其呼应，又尤得六五君王信任，是安和乐利的核心人物，故大有所得。它一阳系众阴，故同道好友因其心诚无疑而速来聚合。说明唯有精诚团结，方保安乐。

六五：居正位而患久病，可保不死。

六五处尊位，性阴柔，刚强的九四在其下，像是重病在身之人。但六五处上卦中位，权威还没有丧失，不至灭亡。强调想避免灭亡要居安思危，坚守纯正。

上六：糊涂而耽于安乐成性，若悔改则无妨害。

上六阴柔，已至安乐之极，乐极生悲，距灾不远。若能及时悔改，则可免于灾祸。强调乐极易生悲，只有应时求变，方保长久。

《彖》曰：豫，刚应而志行顺以动，豫。豫顺以动，故天地如之，而况"建侯行师"乎？天地以顺动，故日月不过，而四时不忒。圣人以顺动，则刑罚清而民服。豫之时义大矣哉！

【译文】

《彖传》说：豫卦，以柔应刚，柔顺刚动，得以实现阳刚之志，动则顺应自然，称豫卦，故天地都同它一样，何况能够"建侯行师"呢？天地按自然规律而运动，所以日月的运行和四时的循环都毫无偏差。圣人顺应自然而动，不动用刑罚，百姓也会心悦诚服以享太平。豫卦强调顺时而动，有多么重大的意义啊！

《象》曰：雷出地奋，豫。先王以作乐崇德，殷荐之上帝，以配祖考。初六"鸣豫"，志穷凶也。"不终日，贞吉"，以中正也。"盱豫有悔"，位不当也。"由豫，大有得"，志大行也。六五"贞疾"，乘刚也。"恒不死"，中未亡也。"冥豫"在上，何可长也？

【译文】

《象传》说：豫卦雷出地动。春季之时，雷震于地上，惊醒万物，使万物欣欣向荣。先王据此作乐以歌颂鬼神之德，进献给上帝并祭祀祖先亡灵，指示人们应与物同乐，以此存乐去忧。

［初六］“鸣豫”，是穷极欢乐之志而致凶险。

［六二］“不终日，贞吉”，是由于居中持正。

［六三］“盱豫有悔”，因为六三居位不中不正。

［九四］“由豫，大有得”，说明九四的志向阳刚得以施行而大有作为。

［六五］“贞疾”，阴柔凌驾于阳刚之上。“恒不死”，因为居中不至于行事偏差而致败亡。

［上六］“冥豫”，在最上位，耽于至极的安乐，怎能长久不衰呢？

随卦(䷐)

泽雷随（震下兑上）

随：元亨，利贞，无咎。

初九：官有渝，贞吉。出门交，有功。

六二：系小子，失丈夫。

六三：系丈夫，失小子。随有求得，利居贞。

九四：随有获，贞凶。有孚在道，以明，何咎？

九五：孚于嘉，吉。

上六：拘系之，乃从维之，王用亨于西山。

【译文】

随卦，震下兑上。震为雷为动，兑为泽为悦。随为跟随、随从之意。兑为西方，对应的季节正是阳气衰弱的秋季。此卦是指原先奋动的雷气于秋季潜藏下来，以储备其力静待来日再度奋起。

随卦：从一开始就亨通无阻，利于占问，没有灾害。

雷气之力，得时则万物受其鼓动，现在却被迫藏于兑泽之下，以待时机到来。然而,潜伏并非一直隐伏不动,一旦时机降临便现世以鼓动万物。就全卦而言,九五之君主居正中之位,性刚健,且六二爻以阴爻居阴位,性既柔又得中,二者阴阳相应;臣子也将遵奉君王之命,诸事均得随而行之。

初九:官吏有变,占见此爻则吉。出门交往应酬,必有其功。

凡是一阴二阳之卦,皆以阴为主体;二阴一阳之卦,皆以阳为主体,故下卦的主体为初九。下卦震为动,有动方有随。初九追随他人,必须要在不违背原则的基础上变通自己的主张。以至于人事,当官吏有变时,占见此爻,吉。出门扩大交往应酬,从公众利益者,必有其劳。

六二:与年轻人结合,必失去其夫,不可不守本分、贪图小利。

六二既想应九五又想比于初九,却因追随近旁之初九,以致抛弃了丈夫,不能坚守贞节,虽不能说凶险,但是恶事。

六三:为九四的丈夫守节,而抛弃了初九的年轻人。随而以求必然得到,宜居家守贞。

六三上方没有应爻,就会靠近阳爻九四,因此就舍弃了下方的阳爻初九。追随刚健有力之人,动机必须纯正方有利。

九四:随从别人而有所收获,占问则凶险。有诚信而守正道,能明哲保身,使在上者放心,还有什么灾祸呢?

九四阳爻刚毅,实力与接近尊位的九五君位相当,有足够的能力达成愿望。然而,九四难免被猜疑其凌驾于君王之上的目的,即便保持忠贞,也临险境。因此必须安守本分且辨进退之道,方可免于灾祸。

九五:对善美报以诚信,吉。

九五处上卦中位,阳爻阳位得正,又与下卦阴爻阴位得正且处中位的六二阴阳相应,亦即中正应于中正,善紧随善,值得信赖,大吉。本爻强调了择善从流的原则。

上六:先囚禁他,而后又释放他,(为此)大王在岐山进行了享祭。

上六阴柔,已至追随的极限,不能再向上,而为九五、九四所束缚,如同囚禁。其心已被笼络,因此虽然将他释放,关系仍然牢不可破,所以,大王在岐山享祭以彰其诚。

《彖》曰：随，刚来而下柔，动而说，随。大亨贞无咎，而天下随时，随时之义大矣哉！

【译文】

《彖传》说：随，因刚卦震屈居于柔卦兑之下，震为动而兑为悦，有随和跟从之象。大亨通，占问没有灾祸。天下人都应时而动，可见“随时”有多么重大的意义啊！

《象》曰：泽中有雷，随。君子以向晦入宴息。“官有渝”，从正吉也。“出门交，有功”，不失也。“系小子”，弗兼与也。“系丈夫”，志舍下也。“随有获”，其义凶也，“有孚在道”，“明”功也。“孚于嘉，吉”，位正中也。“拘系之”，上穷也。

【译文】

《象传》说：随卦泽中有雷。君子观雷入泽中之象，即日暮之时当及时休息。

说明随卦的原则为“相随”之意，比之于人事关系有上随下、下随上、己随人、人随己，日常生活中的朝作晚息，遇事随时，都应报善以诚，不离正道。此卦含有《周易》作者丰富的处世、修身的哲学观念。

［初九］“官有渝”，循正道则吉。“出门交，有功”，则无过失。

［六二］“系小子”，不可兼得。

［六三］“系丈夫”，志在舍下而从上。

［九四］“随有获”，其意在凶。“有孚在道”，是“明”的功劳。

［九五］“孚于嘉，吉”，由于九五其位中正。

［上六］“拘系之”，已至随和之极，已无他法。

蛊卦(䷑)

山风蛊(巽下艮上)

蛊：元亨。利涉大川，先甲三日，后甲三日。

初六：干父之蛊，有子，考无咎。厉，终吉。

九二：干母之蛊，不可贞。

九三：干父之蛊，小有悔，无大咎。

六四：裕父之蛊，往见吝。

六五：干父之蛊，用誉。

上九：不事王侯，高尚其事。

【译文】

蛊卦，卦象巽下艮上。艮为山为止，巽为风为入。风能发舒而更新万物，万物因风受阻于山下而得不到发舒，久必蛊坏，故卦名为蛊。蛊而后治则不可怕，甚至可以获得长治久安。蛊与随为综卦，随易腐败而同流合污；腐败则需整饬，兼以随和众利，二者相辅为用。

蛊卦：从一开始就亨通顺利，甲日前的辛日或甲日后的丁日利于涉大河。

泰卦的爻位生变而生此卦，久处安泰之境，开始松懈而耽溺于怠惰安逸，故滋生蛊败。因此正是以图打开困顿衰局而求振作的时候。比之于人的性格，本卦卦意所比喻的这个人表面相当威严有君子之貌，然而内心却是轻浮躁动的。若比之于事物，则是蛊坏的本质尚未表现出来，其污浊还藏在内部。此时唯有让腐败的事物彻底败坏，全新健全的事物才能产生。

初六：有能匡正父亲过失的儿子，父亲可免于灾祸。有惊而无险，最终得吉。

初六爻是蛊卦之始，败坏尚能挽救并不严重，所以初六已开始兢兢业业地挽救遭前人败坏的事业。然而，面对重重的困难，必须勤勉奋发，最后方保吉祥。

九二：匡正母亲之过，不可执拗。

九二处下卦中位，性又阳刚，象征有才干的儿子。九二与为阴的六五相应，比之以母亲。儿子应缓和地匡正母亲之过失，不可固执己见，或遣词严厉,应对未来的事业竭尽全力。

九三:匡正父亲之过,虽有些许后悔之意,却无大的妨害。

九三阳爻阳位,不处中位,其性过于刚强又急躁,亟欲一鼓作气匡正父亲之过,因而多少会生懊悔之心。不过,只要动机美善,则没有大的过失。说明挽救败坏的事业,不可用过于强硬的态度。

六四:包容父亲的过失,往后遭遇困难是一定的。

六四阴爻阴位,过于柔弱而不足担大任。以这种性格,会过于容忍父亲之过,不能彻底追究和整顿,以致愈演愈烈,困难愈大。说明挽救败坏的事业,不可过于宽容,而需彻底。

六五:匡正父亲之过,而能得到赞誉。

六五阴爻处上卦尊位,而性柔顺,下方又有阳爻九二与其相应,象征父亲的事业有其刚毅之子可以继承,其声誉亦会日隆。说明必须任用贤能才能挽救败坏的事业。

上九:不为王侯办事才是高尚的行为。

上九距蛊的中心远,位于偏远之所,又是艮山主爻,相当于孤高的君子,居于山顶,身退隐居,不为俗事烦忧的情形,不为王侯办事。

《彖》曰:蛊,刚上而柔下,巽而止,蛊。蛊,"元亨",而天下治也。"利涉大川",往有事也。"先甲三日,后甲三日",终则有始,天行也。

【译文】

《彖传》说:蛊卦,刚卦刚爻处上,柔卦柔爻处下;刚柔不接,有上下不通而生事之象。蛊卦的"元亨",是指大治天下。"利涉大川",则是大有作为。"先甲三日,后甲三日",乱之极而为治之始,这是万事万物发展的法则。

《象》曰:山下有风,蛊。君子以振民育德。"干父之蛊",意承考也。"干母之蛊",得中道也。"干父之蛊",终无咎也。"裕父之蛊",

往未得也。"干父用誉",承以德也。"不事王侯",志可则也。

【译文】

《象传》说:上卦艮为山,下卦巽为风,即风处山下而为山所阻,回环激荡,草木败坏,故名蛊卦。君子观此象应振济民心,培育其德,以拯救败坏的社会风气。

[初六]"干父之蛊",继承前辈之志。

[九二]"干母之蛊",合乎中正之道。

[九三]"干父之蛊",终而"无咎"。

[六四]"裕父之蛊",后而无所得。

[六五]"干父用誉",是继承祖先之德。

[上九]"不事王侯",这是有他个人坚守的志向和准则。

临卦(䷒)

地泽临(兑下坤上)

临:元亨,利贞。至于八月有凶。

初九:咸临,贞吉。

九二:咸临,吉,无不利。

六三:甘临,无攸利;既忧之,无咎。

六四:至临,无咎。

六五:知临,大君之宜,吉。

上六:敦临,吉,无咎。

【译文】

临卦,卦象兑下坤上,本义为由上而下视,临卦与下一卦观卦,虽然都有看之意,但二者有所不同,临卦是俯视,而观是仰观。在本卦临的意思有监督、统治之意。这一卦从纯阴坤之下的一阳(地雷复)爻,更由阳气进而浸长,而成临卦,临卦又会继续变成泰、大壮、夬等卦。

临卦：从一开始就亨通顺利，利于占问吉凶。八个月一过凶事将近。

这卦大体上是运气在上升。然而，现在虽然走盛大的气运，不久将会有衰微之日。所以，务必谨慎以处置诸事。新的事业，正是着手的大好时机。但展望未来，凡事务必妥为节制。

初九：以感化之心治理百姓，则占问吉利。

初九阳爻阳位得正，性刚毅，又与六四阴阳相应，相互感召，所以，初九是以人格魅力使六四感化屈服，而并非凭借威势，如此方吉祥。

九二：治理百姓以感化为法，则无往不利。

九二上应君主所需，下合民众所望，亦能开万世太平，以此临于世；九二阳爻在下卦中位，性又刚毅，与六五阴阳相应，即一路升进而无阻碍；故占断吉祥，无往不利。

六三：用蜜语甜言，笼络人心，治理百姓，一定不会顺利。忧而能改，故无灾祸。

六三阴爻居阳位，其位不正。它又处于下卦兑的主体之位，兑为悦，所以六三是以甜言蜜语及伪善的和颜悦色来领导百姓，其心不诚当然不利。不过，它能够及时知错能改，一变其不逊之态，治理国家甘愿忧苦又愿改进，国家才有新希望。

六四：以诚意相与相临者，可免于灾祸。

六四阴爻阴位，且与初九阴阳相应。所以，其位得正却不至于过度自信，加之贤人的辅助，才使其免于灾祸。说明领导者善用人才。

六五：大人君子宜于凭借才智，知人善任，治理百姓，吉。

临卦成卦的主爻是六五爻，阴爻处尊位，而性柔顺，又在中位与下方的九二构成阴阳相应，象征委任下方的贤人（九二）去施行事务，而自己不用行动。君子能够任用贤德之人，因而吉祥。

上六：治理百姓以敦厚之态，百姓心悦诚服，吉而无祸。

上六在此卦的最高位，居高临下，但至于极致，通常不祥；不过此卦，下方的阳爻能为柔顺的上六阴爻以敦厚之态相待，故吉而无祸。临卦特别看重位之当与不当。上六因其位当而免祸。

《彖》曰：临，刚浸而长，说而顺，刚中而应。大亨以正，天之道也。“至于八月有凶”，消不久也。

【译文】

《彖传》说：临卦兼有阳刚浸长以及顺从和悦的特性，因此刚柔相应，得亨通而守正道，合乎天道运行之法，“至于八月有凶”，阳气消亡则难以长久了。

《象》曰：泽上有地，临。君子以教思无穷，容保民无疆。“咸临贞吉”，志行正也。“咸临，吉，无不利”，未顺命也。“甘临”，位不当也。“既忧之”，咎不长也。“至临无咎”，位当也。“大君之宜”，行中之谓也。“敦临”之“吉”，志在内也。

【译文】

《象传》说：泽上有地，是为临卦。地居高临泽，泽容纳于地。君子观此象，当坚持不懈地教化百姓，关心百姓的安危，容民保民永无止境。

［初九］“成临贞吉”，端正思想及行动。

［九二］“成临，吉，无不利”，君主需以感化之法治理不顺从君命的百姓。

［六三］“甘临”，其位不正。“既忧之”，则灾祸不会持续太久。

［六四］“至临无咎”，其位正。

［六五］“大君之宜”，行为中正之意。

［上六］“敦临”之“吉”，表明君王有治国之志，百姓都爱戴他。

观卦(䷓)

风地观(坤下巽上)

观：盥而不荐，有孚颙若。

初六：童观，小人无咎，君子吝。

六二：窥观，利女贞。

六三：观我生，进退。

六四：观国之光，利用宾于王。

九五：观我生，君子无咎。

上九：观其生，君子无咎。

【译文】

观卦，卦象坤下巽上，风行于地上，吹遍万物，呈周观之象。观卦二阳在上，居于尊位，为在下的四阴所仰视，即仰观之意。

观卦：祭祀前洁身洗手，不必奉酒献食。敬仰内外诚信不疑之人。

本卦卦旨于精神思想之上可断为吉，但物质实体之上却只能占断为凶。以往拥有的美好生活已是过眼烟云，现在正是经历转变之时，此时心态定是浮躁、迷惑或种种纷扰，若非透彻镇定之人很难处理好这种情况。事情发展的情况也是宜止而不宜躁进。

初六：不成熟地观看，对小人而言不算灾祸，而于君子则是困境。

各爻所云皆是观看九五，因此卦辞的重心是九五无疑。初六处最下，仰观九五，二者相距甚远，又阴爻柔弱，所以观察不成熟。对小人而言算不上过失或灾祸，但对肩负教化重任的君子而言则是莫大的耻辱。

六二：从门缝中偷偷窥视，宜于足不出户的女子居家守正。

童观是幼稚又蒙昧地观看；窥观却已经有了想要正确观察事物的意愿。然而，还如同从门缝中偷看一般，没有到可以把握全貌的境地。六二阴爻比喻女子安分守己不逾矩，则可吉利。这说明观察不能存偏见。

六三：反观自己的所作所为以决定行事的进退。

六三在体观之道上已不断增长，至于反省自神的境地，则不必再对高高在上的九五体物察情，而是对自己行事的进退出入，能够加以判断。

六四：体察一国之风俗民情，利于行宾主礼以对王朝贡。

六四阴爻，阴位得正，居上以观其下，因此体观之道亦得其正。能辅助他人行于正道。既然他具有通晓异国民情风俗的能力，身居九五的君王应该以宾主之礼待之,使其管理地方。

九五:反观自身的所作所为,君子免于灾祸。

九五阳爻阳位,处尊位,四个阴爻在下仰观它,它作为此卦的主体,象征有德行的君王。君子要独善其身,更要兼济天下,以自己的行动思想影响民众。若要判别自己的所思所行正确与否,则可通过观察民风民俗来反观自身。若如此做又能时常自省改进和勉励自己,结果当然没有灾祸。

上九:考察并吸取异族民众的意向,君子可免于灾祸。

上九是本卦之极,与九五均是阳爻,虽然自己已经不当位,但仍为天下人所仰观。他可以做到的是视察并听取异族民众的意向,检验君王教化是否得以普遍地施行。

《彖》曰:大观在上,顺而巽,中正以观天下。观。“盥而不荐,有孚颙若”,下观而化也。观天之神道,而四时不忒。圣人以神道设教,而天下服矣。

【译文】

《彖传》说:大观在上,(坤下巽上)顺从而谦逊。九五观天下而持守中正之道。观卦“盥而不荐,有孚颙若”,处下位之人仰观其上而受感化。观察天道变化的法则,其四时运行没有偏差;圣人仿效遵循天道以制定推行教化,天下百姓莫不心悦诚服。

《象》曰:风行地上,观。先王以省方,观民设教。初六“童观”,“小人”道也。“窥视,女贞”,亦可丑也。“观我生,进退”,未失道也。“观国之光”,尚宾也。“观我生”,观民也。“观其生”,志未平也。

【译文】

《象传》说:风行地上,为观卦。君子观此象,应像先王巡视地方一样,视察民俗风情而广设教化。

［初六］“童观”，是“小人”的方法。

［六二］“窥观，女贞”，若君子行此卦，不但难以把握事情的真相，其行为本身也是可耻的。

［六三］“观我生，进退”，不离正道。

［六四］“观国之光”，王待之以宾客。

［九五］“观我生”，重点在体察民情。

［上九］“观其生”，君子治国保民之志不息。

噬嗑卦(䷔)

火雷噬嗑（震下离上）

噬嗑：亨，利用狱。

初九：屦校灭趾，无咎。

六二：噬肤灭鼻，无咎。

六三：噬腊肉，遇毒，小吝，无咎。

九四：噬干胏，得金矢，利艰贞，吉。

六五：噬干肉，得黄金，贞厉，无咎。

上九：何校灭耳，凶。

【译文】

噬嗑卦，卦象震下离上，震为雷为动，离为火为附。雷、火即雷、电交加，象征威严的狱治。其本义是口里咀嚼事物，用力咬合以嚼烂食物。本卦的占断为亨通。除非间有障碍，才有事难以亨通；本卦意将中间的阻碍咬碎消除，自然结果亨通无阻。这一含义主要指刑罚。

噬嗑卦：占断亨通，宜于行刑狱之事。

本卦在事业上正面临困境，它可以由否卦或由颐卦卦变而来，所以说目前还陷于否运不通之境，事不顺心有了无冲破的希望。不过若原因已经明确，则需要以热诚的态度和坚定的决心去积极消除障碍，只要努力必见成效。但目前首先应停止争吵、保持冷静，了解事情的真相，才能够打破局面。

初九:足部拖着足以遮住足趾的木制刑枷,则不会有灾祸。

震的主爻是初爻,其性猛进,以至于破罐破摔犯下大罪。故初犯时,虽然罪行尚轻,也应加以严惩。又是地位卑下的庶民,只要惩罚一次,便不敢再犯,所以没有妨害。初爻与上爻代表受刑之人,二爻至五爻均是有爵位的贵族阶层,亦即掌法施刑之人。

六二:饕餮吃肉而肉掩其鼻,没有灾祸。

六二阴爻阴位得正,处下卦中位,比喻处置罪犯裁定公正,刑罚适当,进展顺利。要处理此案必须软硬兼施,有严峻的态度,才不会有判案的偏差和过错。

六三:吃腊肉而中毒,但毒性不强,有些小麻烦,但最终有惊无险。

六三爻所含噬嗑的意思比六二爻更强,犯下的罪也更为重大。但六三不处中位,又是阴爻柔弱而阳位不正,所以也不适合做裁定刑罚,虽有才干,但力量尚弱,恐怕会遭到罪犯的嘲笑和愚弄。

九四:咬干肉而连其骨,在其中发现铜制的箭头。占得此爻,利于在困境中保持坚贞,方得吉祥。

九四阳爻性情刚毅,又在离卦之中,象征明,故刚且明,则难免过于果断,因此不可轻率而须十分警惕。九四爻处在阴位,易动情而偏离其道,故应守持正道。

六五:咬干肉,发现其中有黄色的金属。占得此爻,有惊无险。

主卦的主爻为六五,其有离卦之明可供辨狱,所以能得其宜而不至于有偏差和过失。六五阴爻柔顺,却处外卦尊位,故君断狱,收放自如,刑罚适度,使人心悦诚服。刑罚毕竟是不得已而为,所以,必须用刑谨慎,行之正道,才不会有过失。

上九:罪人负着足以遮盖耳朵的沉木枷,说明他不听忠告犯下了重大的罪行,故凶险。

上九已至刑罚之极,罪大恶极,已经不可能用刑罚补偿和消解。所以占断十分凶险。

《彖》曰：颐中有物，曰噬嗑。噬嗑而亨，刚柔分，动而明，雷电合而章。柔得中而上行，虽不当位，利用狱也。

【译文】

《彖传》说：噬嗑卦本义为嘴里咀嚼食物。因其阴爻与阳爻均分为三，震雷动而离光明，雷电二者又相得益彰，故其义亨通。阴柔中位而上行，阳刚虽然其位不当，却宜于施行刑狱。

《象》曰：雷电，噬嗑。先王以明罚敕法。"屦校灭趾"，不行也。"噬肤灭鼻"，乘刚也。"遇毒"，位不当也。"利艰贞，吉"，未光也。"贞厉无咎"，得当也。"何校灭耳"，聪不明也。

【译文】

《象传》说：噬嗑卦，指雷电交加，有声光俱厉、目眦尽裂之凶象。君子观之，当首先修明和整敕刑罚及法令，以酷刑严法惩罚犯罪。

[初九]"屦校灭趾"，告诫犯人以往的罪行不能再犯。

[六二]"噬肤灭鼻"，阳刚屈居于阴柔之下。

[六三]"遇毒"，是因其位不当。

[九四]"利艰贞，吉"，未能将正道发扬光大。

[六五]"贞厉无咎"，六五其位得当，居于中位，以柔承刚。

[上九]"何校灭耳"，因忠言逆耳而不被其接受。

贲卦(䷕)

山火贲(离下艮上)

贲：亨。小利有攸往。

初九：贲其趾，舍车而徒。

六二：贲其须。

九三：贲如濡如，水贞吉。

六四：贲如皤如，白马翰如。匪寇，婚媾。

六五：贲于丘园，束帛戋戋。吝，终吉。

上九：白贲，无咎。

【译文】

贲卦，卦象离下艮上，山下火起，象征纹饰。文与质相对，文指纹饰，质是本质。比之于社会，纹饰则是加之于人的等级名分、礼仪制度，这些对社会来说是极其重要必不可少的。贲卦旨意有二：一是阴阳刚柔并济成文；二是纹饰尚质而不尚华丽。

贲卦：亨通无阻。可以前往，有小利可获。

此卦过分在意纹饰的结果，生怕失败。无论做任何事，需加以适当润饰，方可达成。目前有很多困难，但又不能像噬嗑卦所示采取强硬的手段消除这些阻碍。因此其内心忧虑有增无减。此时应冷静下来思考分析，以防判断失误。

初九：修饰其足，步行而不乘其车。

初九阳刚阳位，下卦离为明，因此刚毅贤明，而甘心屈居下位，择善守正以文饰自身的行为。初九得其正，是君子之贲，故舍弃乘车而徒步，以喻贫贱不移、志向不改、洁身自爱之人。

六二：修饰其胡须。

六二阴柔中正，近于上方阳刚的九三，二者在上卦又都无应爻，故阴阳相吸，关系密切，得以兴盛。说明施行纹饰应与上同时。

九三：纹饰精美、华丽而又润泽，但要吉利还必须长久坚守正道。

在两个阴爻之间有阳刚的九三，它光彩润泽，被修饰得熠熠生辉。而六二、六四皆不能配九三，所以再美好也不能被九三所诱惑，而沉溺其间、不能自拔。因此唯有坚守正道，方保吉祥。

六四：文饰尚素，白马疾奔。（他们）是来求亲的，而并非强盗。

六四处惊惧危险之位，故在四爻上此卦显得进退繁杂。六四本与初九正应，但隔在中间的九三妨碍了二者互相修饰，以至于修饰落空。六四疾驰而往，但九三阳刚生硬地阻挡，但不过是求婚并非要强暴，不必过于惊惧。

六五：须用许多匹绸帛布来修饰丘墟园圃。虽有些麻烦，但终能得吉。

在外卦中位的六五爻，性柔顺，是此卦的主爻。以修饰丘墟园圃喻重礼聘请贤能的隐者。既然遵循的是为贲之道，虽然遭到些许批评，但终将为得到吉利的喜悦所代替了。

上九：纹饰素雅，无害。

上九：素雅的纹饰，不会招致灾祸。

上九已是贲卦之极，上爻是外卦艮的主爻，上爻已至顶峰，则无纹饰可言，便又回归质朴。最终领悟了纹饰的虚无，而恢复其本来面目，则免于灾祸。

《彖》曰："贲，亨。"柔来而文刚，故亨。分刚上而文柔，故"小利有攸往"。刚柔交错，天文也；文明以止，人文也。观乎天文，以察时变；观乎人文，以化成天下。

【译文】

《彖传》说："贲，亨。"阴柔饰阳刚，故亨通。刚柔分隔，阳刚处上而饰阴柔，故曰"小利有攸往"。刚柔交错，阴阳交感，此乃天象；文明对人类有所约止正表现了人类社会的伦理道德。观察自然现象，则要掌握四时的变化；考察人类社会及其伦理道德，则要化成天下，全其礼俗。

《象》曰：山下有火，贲。君子以明庶政，无敢折狱。"舍车而徒"，义弗乘也。"贲其须"，与上兴也。"永贞之吉"，终莫之陵也。六四当位，疑也。"匪寇，婚媾"，终无尤也。六五之吉，有喜也。"白贲，无咎"，上得志也。

【译文】

《象传》说：贲卦上艮下离，艮为山，离为火，山下火起，象征文饰。君子观此象，当制礼乐以修政治，不可单凭文饰之词断狱定罪。

［初九］"舍车而徒"，洁身自好而不愿乘车。

［六二］"贲其须"，兴起与在上者同步。

［九三］"永贞之吉"，谁可以凌驾其上而欺辱之！

［六四］六四阴爻阴位，得其位而阳刚在下逼迫，则难免心存疑虑。"匪寇，婚媾"，了解情况以后，方如释重负，不再惊惧。

［六五］六五之吉，吉在有喜事临门。

［上九］"白贲，无咎"，处于上位而得其志。

剥卦(䷖)

山地剥(坤下艮上)

剥：不利有攸往。

初六：剥床以足，蔑，贞凶。

六二：剥床以辨，蔑，贞凶。

六三：剥之，无咎。

六四：剥床以肤，凶。

六五：贯鱼，以宫人宠，无不利。

上九：硕果不食，君子得舆，小人剥庐。

【译文】

剥卦，卦象坤下艮上，因土不断风化剥落，本高耸于地的山渐渐倾颓于地，以此象征剥落。事物衰落倾颓都称之为剥，此剥乃是以阴剥阳之意，阴由下而渐长，五阴极盛而剥一阳，以至阳被剥落而衰亡，故名此卦为剥。

剥卦：前往不利。

此卦同山火贲相同，正是处事易造成错误之时。由自己积极想完成的事，总是归于失败，那是因为寄予的希望过大以致慎重之心不足所造成的。此时与其停滞不前，不如再退后一步，才是上佳的对策。

初六：要先从床脚开始剥灭床，而一开始就剥灭正道则有凶险。

初六为剥落之始，阴之气势正逐渐增强，其危害虽尚不及身，但也将剥灭正道，必成凶兆，亟须加强戒备、谨慎戒惧。

六二：剥灭已至床干部分，至于剥灭正道则呈凶象。

剥灭由下渐上，已至床与脚之间的连接处即床干部分，恶逐渐侵蚀正直，小人的势力亦愈凶，情形非常凶险。

六三：至于剥灭的境地，则没有灾祸。

六三正应于上九，虽居剥卦而不忍剥上九，故不同流合污，不参与剥灭的行动。唯有六三在五阴爻同步剥一阳时，心向阳爻，算是小人中的君子，所以也可免于灾祸。

六四：床的剥灭产生的危害已经危及人的皮肤，凶险。

六四也借剥落君子之床以明卦义。剥灭已至床的表面，其危害已危及皮肤，情况危急。

六五：使宫女鱼贯而入，依次得到君王之宠，无一不吉。

六五处尊位，又在五个阴爻的最上，君王依次宠幸由六五率领的众阴，没有争风吃醋相互斗争的情况。说明剥落期间，无药可救也没有漏洞可以突破，唯有寄希望于小人改过。

上九：不食用太过硕大的果实，有君子在此万民有幸得乘其车，有小人在此百姓庐舍不保，有剥落之险。

本卦唯一的阳爻则是上九，只剩此阳未被剥落殆尽，是仅存的硕果。然而上九变为阴之后，最下方的初爻，会立即产生一阳，成为复卦(䷗)，不会使所有的阳都消失不见。总而言之上九已至剥之极，人们希望有德之君子可以在混乱的时刻出现在“上”位，此时受众阴的拥戴，就如同得到可乘之车一样。若小人当位，就像被剥落的庐舍，毫无希望了。

《彖》曰：剥，剥也，柔变刚也。“不利有攸往”，小人长也。顺而止之，观象也。君子尚消息盈虚，天行也。

【译文】

《彖传》说：剥卦，剥落之意，即柔而蚀刚。“不利有攸往”，则是由于正在增长的小人之势。观察卦象然后顺势而止。君子重视天道运行的法则，顺应自然消长盈虚的变化。

《象》曰：山附于地，剥。上以厚下安宅。“剥床以足”，以灭下也。“剥床以辨”，未有与也。“剥之无咎”，失上下也。“剥床以肤”，切近灾也。“以宫人宠”，终无尤也。“君子得舆”，民所载也。“小人剥庐”，终不可用也。

【译文】

《象传》说：剥卦，山倾附于地。君主观此象，当知君与民的关系正如山与地的关系，所以应施惠于民，保其根基，自己方可安享其位，免遭政权颠覆崩塌之祸。

［初六］“剥床以足”，从下面开始剥蚀其基础。

［六二］“剥床以辨”，没有可以相互呼应的对象。

［六三］“剥之无咎”，不与上下的阴爻协调一致。

［六四］“剥床以肤”，灾祸迫近，情况危急。

［六五］“以宫人宠”，毫无争风吃醋亦无怨言。

［上九］“君子得舆”，是民之所以爱戴，“小人剥庐”，终是不可轻信。

复卦(䷗)

地雷复（震下坤上）

复：亨。出入无疾，朋来无咎。反复其道，七日来复。利有攸往。

初九：不远复，无祇悔，元吉。

六二：休复，吉。

六三：频复，厉，无咎。

六四：中行，独复。

六五：敦复，无悔。

上六：迷复，凶，有灾眚。用行师，终有大败，以其国君凶，至于十年不克征。

【译文】

复卦,卦象震下坤上。复有反复、返本之意。卦中五阴爻在一阳爻之上,是阴极阳反。比之于自然,夏历十月正是阴盛而极之时,而到十一月冬至的时候,地中反生阳气。比之于人事,君子之道为阳,其道衰亡至于极点,则要兴起而反复。这种消长变化是自然规律,阴不可能剥尽阳,至于极处则阳会复生。

复卦:亨通无阻。出入内外皆无疾病,朋友往来应酬都不会发生灾祸;往复变化一周期为七天。(故)其利可往。

判断事物时,此卦特别看重"反复"之意,目前正准备努力进行之前没有进行的事务,希望有所作为。虽满怀希望地展望未来,但也要首先认清自己的方向与目标。目前宜于求进,但不可急进,应坚持循序渐进的方法。

初九:在错误的道路上行之不远就旋即返回,没有造成太大的愧疚悔恨。吉利。

复卦成卦的主爻是初九,在坤卦纯阴的氛围中,有如置身于不善。坤之初爻一阳生,如同旋即复归善道(正道)。这里指在错误的道路上但尚未犯错,幡然醒悟知其不善,而立即复归善道,故得大吉。

六二:善美之返,吉。

六二爻位中正,性柔顺,又与初九相邻,故离"道"不远,可以受到引导能复归于善,故结果吉祥。

六三:反复而连续不断,有危险但尚无灾祸。

六三爻不中不正,性又阴柔,处内卦震(动)之极点,故难以把握,频频犯错又改过,如此反复,自然陷入不利境地,但由于常有改过之心,故无灾祸。

六四:与人同行的半路上独自返回。

六四阴爻阴位,又正应于本卦成卦之主爻初九。位正故可复其正道。如同与为非作歹的同伙一同上路,但在行动半途独自返回正道。

六五:去后促其复返,则可少生悔恨。

六五爻处尊位,又居坤卦中位,性情柔顺中庸,能够复归善道,自然不生悔恨。

上六：执迷而不知悔改，就会遭遇凶险。如此用兵必败，治国则其君位不保，以至休养生息十年仍不能再出兵征战。

上六爻处此卦之极，复道与其甚远，远而不知返，必然天灾人祸接连不断，凶险非常。用兵则败，治国将失，甚至休养生息十年也难以重整旗鼓。

《彖》曰：复，亨。刚反，动而以顺行。是以“出入无疾，朋来无咎”。“反复其道，七日来复”，天行也。“利有攸往”，刚长也。复，其见天地之心乎！

【译文】

《彖传》说：复卦，亨通无阻。阳而向下，动以顺行。所以“出入无疾，朋来无咎”。“反复其道，七日来复”，为天道运行变化的规律。“利有攸往”，是因阳气渐长，可由复卦想见天地运行变化之规律。

《象》曰：雷在地中，复。先王以至日闭关，商旅不行，后不省方。“不远之复”，以修身也。“休复之吉”，以下仁也。“频复之厉”，义无咎也。“中行独复”，以从道也。“敦复无悔”，中以自考也。“迷复之凶”，反君道也。

【译文】

《象传》说：复卦下震上坤，震为雷，坤为地，以象“雷在地中”。先王观此象，方晓阳气初生，仍需养精蓄锐，故应闭关锁国，不许商旅通行。君主宜安居。

［初九］“不远之复”，因为自身的修养得以加强。

［六二］“休复之吉”，在于亲近于仁德之人。

［六三］“频复之厉”，自然无咎。

［六四］“中行独复”，在于不悖自然规律。

［六五］“敦复无悔”，自我考察时应以中道为其基本原则。

［上六］“迷复之凶”，由于君主的阳刚之道被违背了。

无妄卦(䷘)

天雷无妄(震下乾上)

无妄：元亨，利贞。其匪正，有眚，不利有攸往。

初九：无妄往，吉。

六二：不耕获，不菑畲，则利有攸往?

六三：无妄之灾，或系之牛，行人之得，邑人之灾。

九四：可贞，无咎。

九五：无妄之疾，勿药有喜。

上九：无妄行，有眚，无攸利。

【译文】

无妄卦，卦象震下乾上，因为天行健，雷震动，其运行皆合乎规律且无所图，乃是天地以其本来的方式运转，公正严明而没有疑窦。这一规律自古至今发生作用。如此才是真正的无妄。同时天雷构成无妄的重要理由也在于，震与乾既不让你用手去获取它，也不让人直接利用它以满足人类私欲。无妄并不认为天道的运行是仅仅只为人类或善人而存在，在无妄之下，一视同仁，善人和恶人都一样地生存和死去。

无妄卦：一开始就亨通无阻，占问吉利。不守正道则有灾祸发生。故所往不利。

此卦指示，首先行动应顺应自然才能获利。最为适宜的方法是自己既不积极，也不逃避，只被动处之。其次是面对焦虑而卖弄小聪明，会招致祸端。而多管闲事反遭厌弃，过分介入还会蒙受羞辱，因此需要特别慎重。继续守正业、行正道才不至于有灾祸。

初九：不妄行而守正道，吉。

内卦的主爻初九，性阳刚。既当位又不妄为，而又无所图，事事随其自然，守其正道，吉。

六二：不耕种而坐享其成，事开荒而坐拥熟田。难道这样的情况是有利的吗？

六二中正而性柔顺，顺应天时，响应天理，本可自然而然，但空怀有过高的期望，必反受其累。

六三：没有妄行，也会发生灾祸。就像行人顺手牵走拴在村中的牛，这种行为使得村里的人互相怀疑是偷牛之贼，各自蒙受冤屈。

六三阴爻而处阳位，不中不正，故蒙受无妄之灾。“或系之牛”这一故事的结果是被偷走牛的人是遭遇无妄之灾的无辜的人，但被怀疑为贼的村人，也是白白遭遇了无妄之灾，唯有行人不劳而获。此之所谓无妄之灾。

九四：能持守正道而不背离，没有灾祸。

不配无妄之道的一爻也包括九四爻，凡爻卦位不得正，都算“妄爻”。这一阳爻，性情过于阳刚，恐会妄动而躁进。

九五：意料之外的疾病，但可自愈甚至不必用药。

无妄主卦的主爻是九五，处于尊位，又刚健中正，六二又能与它相应，是本卦中最好的一爻。

上九：不应妄行，妄行则会遭遇灾祸，不会得到什么好处。

上九位于此卦之极，不中不正，因此不应时而动并非偶然故有灾祸。得不到真正的无妄，而白白处在无妄之极，这与听任其欲望膨胀相比更是不该。

《彖》曰：无妄，刚自外来而为主于内，动而健，刚中而应。大亨以正，天之命也。“其匪正，有眚，不利有攸往”，无妄之往，何之矣？天命不祐，行矣哉？

【译文】

《彖传》说：无妄卦，外卦生阳刚，动而健，此阳爻成为内卦的主爻，阴柔的六二正与阳刚的九五相应。故行正道必获亨通无阻，此之谓天命！“其匪正，有眚，不利有攸往”，既已失去“无妄”，“妄为”则必现，这样将使情况往何种方向发展？天命不庇佑的行为，可行吗？一意孤行必然不利。

《象》曰：天下雷行，物与无妄。先王以茂对时育万物。“无妄之往”，得志也。“不耕获”，未富也。行人得牛，邑人灾也。“可贞无咎”，固有之也。“无妄之药”，不可试也。“无妄之行”，穷之灾也。

【译文】

《象传》说：无妄卦，天下雷行，春雷乍惊、万物萌生。先王见此象，当应时以助万物滋生。

［初九］“无妄之往”，可遂其志。

［六二］“不耕获”，长远来看不能使之富足。

［六三］行人顺手牵牛，同村之人反遭无妄被疑之灾祸。

［九四］“可贞无咎”，本来如此。

［九五］试图以服药治疗无妄之疾，这种行为不应尝试。

［上九］“无妄之行”，是极而招致灾祸。

大畜卦（☶☰）

山天大畜（乾下艮上）

大畜：利贞。不家食，吉。利涉大川。

初九：有厉，利已。

九二：舆说輹。

九三：良马逐，利艰贞，日闲舆卫，利有攸往。

六四：童牛之牿，元吉。

六五：豮豕之牙，吉。

上九：何天之衢，亨。

【译文】

大畜卦，卦象乾下艮上，天畜于山中，有至大畜积之象。畜有二义，畜聚之义是取天在山中之象；畜止之以是取乾为艮所止之象。止便有所和，所以止、畜二义也是相通的。

大畜卦：占问大吉。不食禄于家，吉。利于涉大河。

此卦大致可占断为吉。既然畜养已足够，也就可以进出以遂事功。但是我们需要知道每卦所示，莫不艰难，只不过有些卦结果就劳而无功，有些卦则凭借努力才得其利。所以即使此卦占断吉利，也不意味着行事毫无困难便能成其功业。因此大畜卦是意在表示付出的劳动没有白费，可以获得好的结果。

初九：遇到危险阻拦而止。

初九的前进为与其相应的六四所阻止，加上初九经验尚浅，故躁进自伤，损其资质而无所收获，既然明知山中有虎，进则不如退。

九二：脱辐之车。

九二处内卦得中，因此虽然为相应的六五所阻，但也不至于有过激的行为，能够节制而不冒险，及时停止行动。

九三：骑着善跑的良马追赶，可以不畏艰险而守持正道，每天演练车马防卫之术，故所往有利。

九三爻处内卦之极，阳刚的上九不与之相应，以喻阻塞难通之境。所以需压制躁动之心，保持坚韧之志，练就文武之才，打好基础方能有所长进。勤学苦练正是希望能为天下所用。

六四：将小牛的角上系上横木，防止其性蛮横而抵伤人。吉利。

在外卦三爻中只有六四爻最能胜任畜养一事，并可全力以赴。由于六四爻的应爻初九经验尚浅，它对于要让它积蓄实力的劝告能够顺从接受，故易于阻止初九。

六五：受过阉割的猪，性情变得驯顺，牙齿仍然尖锐但已不伤人。

六五爻正应于九二爻，都是居于正位，而成主从关系，所以能顺其性情，自由地畜止，故吉。

上九：肩负天道，亨通无阻。

上九爻是成卦的主爻，又处本卦最高，可算是六五君王的先师或者顾问。其职责犹如肩负天道般重大，但其所肩负的重任，已是四通八达亨通无阻。此爻指示现下可重用已经畜其德行的贤者，以成涉渡大川的事业。

《彖》曰：大畜，刚健笃实，辉光日新。其德刚上而尚贤，能止健，大正也。"不家食，吉"，养贤也。"利涉大川"，应乎天也。

【译文】

《彖传》说：大畜卦，有刚健笃实之性，必然难以阻挡其光辉荣耀，而又能每日有所增新。[上九]阳刚居尊位之上而尊重贤者，畜养其德，为来日天下所用做准备，如此正是"大正"为政之道。"不家食，吉"，贤才领受国家的俸禄。因为能做到顺应天道规律，方可"利涉大川"。

《象》曰：天在山中，大畜。君子以多识前言往行，以畜其德。"有厉，利已"，不犯灾也。"舆说輹"，中无尤也。"利有攸往"，上合志也。六四元吉，有喜也。六五之吉，有庆也。"何天之衢"，道大行也。

【译文】

《象传》说：大畜卦，即天在山中。君子观此象，当以多记忆、学习前人的言行、经验来不断修养、积累其道德，做到谦虚好学。

[初九]"有厉，利已"，能够免于灾祸。

[九二]"舆说輹，居中而可行于中道，因此没有过错。

[九三]"利有攸往"，合乎其上进之志。

[六四]元吉，刚柔相协，则吉。

[六五]六五之吉，以喻仁明之君畜养贤臣，故能"有庆"之状。

[上九]"何天之衢"，天道四通八达、亨通无阻。

颐卦（䷚）

山雷颐（震下艮上）

颐：贞吉。观颐，自求口实。

初九：舍尔灵龟，观我朵颐，凶。

六二：颠颐，拂经于丘颐，征凶。

六三：拂颐，贞凶。十年勿用，无攸利。

六四：颠颐，吉。虎视眈眈，其欲逐逐，无咎。

六五：拂经，居贞吉，不可涉大川。

上九：由颐，厉，吉。利涉大川。

【译文】

颐卦，卦象震下艮上，震为动，艮为止。其他爻皆为阴爻，唯有初爻和上爻是阳爻，这些都指向此卦外刚内柔，或外实内虚。颐养之道，无论是休养或论及德养、学养，都是二者皆获其利，而并非仅指一方颐养另一方。

颐卦：占断大吉。观颐养之道，自己动手以足其食。

此卦若比之为人，则是内心丰富，而不易吐露心声之人。若一方以震而雷厉风行地前进，对方定会以倒震相向，双方同心协力，共成其事。而食物由口而入，必须经过一段时间和过程，才能作用于身体。因此比之于行事，则务必假以时日，其作为才能见到效果。

初九：不看你占卜用的灵龟（卜出的龟兆），而看我大快朵颐。结果则凶。

震的主爻是初九阳刚，因是动之主故实力超群，但相应于六四而起贪念，舍弃灵龟般的智慧休养，而垂涎于别人大快朵颐的食物，其结果必然凶险。

六二：颠倒颐养，而以上养下，悖于常理。为获得颐养而争斗不休，结果必凶。

六二阴爻性格柔顺而力量薄弱，难以自己达成颐养。而其比爻初九爻位处下，上求下养，悖于颐养之道。故只能借由其应爻五爻来颐养，五爻又居于君位，最为适合。但五爻为阴爻，不能求到食物。而上九既非应爻又非比爻，虽可一求，但结果必然凶险。

六三：悖于颐养之正道，占断为凶。十年都无供养，不得利。

六三不中不正，且处于下卦震的最高位置，性又阴柔，故象征为达目的，不择手段的行动。这种不正当的行为悖于养之正道，结果必凶。但它又不听劝导，所以十年内都不会得到供养和利益。

六四：颠倒求颐养，以上养下，吉。虎视眈眈地以图上能颐养自己，但他不知餍足，欲望一个接一个难以满足。但无灾祸。

六二爻与六四爻占断都为“颠颐”，但结果六二为“拂经”，六四为“吉”，大不相同。因六四与初九都得正，而且相应，柔顺的六四与刚正的初九相应得正，因此初九养六四是理所应当之事，故吉。这表明只要正大光明堂堂正正地求养，亦无妨害，可以取之于民，用之于民，结果得吉。

六五：悖于常理，但安居守正，亦可得吉，不可涉大河。

主卦的主爻是六五，其主要目标是发扬颐养之道，而颐养于万民。不过六五虽处君位，但性情阴柔，不正故不足以养天下，唯有仰仗于阳刚的上九，虽悖于常理，但可保其位，因道不正故在此时不可冒险行事。

上九：对颐养之源头谦卑顺从，虽然开荒耕种难免辛苦而生疾病，但终将收获得吉。对涉越大河有利。

颐卦的成卦主爻是上九。它能够颐养天下万物。上九处最上位，刚毅无私，能排除万难，救济万民。其道正故即使遇到危厉，也能逢凶化吉。

《彖》曰：颐，贞吉，养正则吉也。观颐，观其所养也。自求口实，观其自养也。天地养万物，圣人养贤以及万民，颐之时大矣哉！

【译文】

《彖传》说：颐卦，占断得吉，以正道颐养才是吉利的。观颐，即观察颐养之道。“自求口实”，即自己动手而自我颐养。颐养可以是天地育万物，亦是圣人化万民。由此可见，行于正道的颐养具有十分重大的意义。

《象》曰：山下有雷，颐。君子以慎言语，节饮食。“观我朵颐”，亦不足贵也。六二征凶，行失类也。“十年勿用”，道大悖也。“颠颐之吉”，上施光也。“居贞之吉”，顺以从上也。“由颐，厉，吉”，大有庆也。

【译文】

《象传》说：颐卦，是（震下艮上，雷下山上）山下有雷。君子观此象，要谨言慎行，节制饮食。

[初九]“观我朵颐”，不应有此行为。

[六二]六二征凶，由于其行为偏离正道，不合乎颐养的准则。

[六三]“十年勿用”，由于它悖于正道而不听劝告。

[六四]“颠颐之吉”，堂堂正正地在上养下，遍及光明。

[六五]“居贞之吉”，对阳刚上九谦卑顺从。

[上九]“由颐，厉，吉”，大吉。

大过卦（☱☴）

泽风大过（巽下兑上）

大过：栋桡，利有攸往，亨。

初六：藉用白茅，无咎。

九二：枯杨生稊，老夫得其女妻，无不利。

九三：栋桡，凶。

九四：栋隆，吉；有它，吝。

九五：枯杨生华，老妇得其士夫，无咎，无誉。

上六：过涉灭顶，凶，无咎。

【译文】

大过卦，卦象巽下兑上，木在泽下。泽本应滋润养育木，但竟至于灭顶，此乃大过之象。阳为大，此过又由于阳，故称大过。《序卦传》说：“颐者，养也。不养则不可动，故受之以大过。”万物皆是由养而成，成而能动，动则有过。故大过卦紧接在颐卦之后。

大过卦：屋上的栋梁已经弯曲，所往有利，亨通无阻。

大过卦本末柔弱，此卦意味着将有大事发生，正是建功立业开天辟地之时。但言及行事过程，却是事过重大而力有不足，故行事吃力。因此，逾越本分或不合时机之事，都不宜行。不宜办私事也不宜隐退不行，公事则应奋勇为之，义不容辞。

初六：祭品放于洁白的茅草之上，可以免于灾祸。

初六是“本末弱”的“本”，为阴爻。对肩负四阳爻这一重大责任心生畏惧。但以柔应刚是上佳之策，并且谨小慎微，如同祭祀时，将祭品放于洁白的茅草之上般郑重，因此不会有过失。

九二：杨树枯朽而仍能生出新芽，如同老夫配少妻。无不利。

本卦四阳爻中最下方的一个正是九二爻，正处于阳刚过盛之始。上卦没有和九二相应的，而唯有与下面的初六亲近。并由初六之阴而得生气，重发新芽，如同老夫配少妻，还可生育和延续，所以才能无往不利。

九三：屋上的栋梁已经弯曲，占断为凶。

九三阳爻，刚爻刚位，刚强过度，则如同弯曲的栋梁岌岌可危，此乃至凶之兆，大过之中尤为大过之象。上六虽与九三相应，但九三过于刚强自信，应爻也没有什么帮助，其危日甚一日。

九四：隆起的栋梁，占断吉利；若有意料之外的事情发生，则有灾祸。

九四爻类似九三爻，都是加重了屋顶的重量的一爻，但由于有了初六的支撑，所以不至于弯曲断裂，故吉。但若仰仗无力支撑的上六而抛弃初六，则吝而有过。

九五：杨树枯朽而仍能开花，如同老妇配少夫。虽无大过，但也不值得宣传赞颂。

四阳爻的最上方是九五爻，阳刚过盛至极，下而无应，唯有与上六阴爻相亲。但上六是本卦之极，有衰老之象，又无能力生育，故虽无大过，也不值得赞颂。

上六：涉水过深以至水没其顶。有惊无险。

上六阴爻，是该卦之极而阴柔无力，但由于缺少自知之明，奢求自己能够有所作为，必然凶险非常。比之于人事，如同不自知一己之力不能担此大任而一意孤行，以至于损害身体。初六与上六两爻正是本卦所指的不堪负荷而弯曲者。

《彖》曰：大过，大者过也。“栋桡”，本末弱也。刚过而中，巽而说，行，“利有攸往”，乃亨。大过之时大矣哉！

【译文】

《彖传》说：大过卦，阳刚过盛之意。“栋桡”，由本至末都柔弱不堪。阳刚过盛而甘居中位，内卦巽性情柔顺，而外卦兑则性情悦乐，是以己之顺，换人之乐，则“利有攸往”，亨通无阻。把握大过卦的处事时机具有重大的意义。

《象》曰：泽灭木，大过。君子以独立不惧，遁世无闷。“藉用白茅”，柔在下也。“老夫女妻”，过以相与也。“栋桡之凶”，不可以有辅也。“栋隆之吉”，不桡乎下也。“枯杨生华”，何可久也！“老妇士夫”，亦可丑也。“过涉之凶”，不可咎也。

【译文】

《象传》说：大过卦，水淹没林木之象。君子观此象，应当见危不惧，隐居避世，伺机而动。

［初六］“藉用白茅”，以阴柔卑下处之。

［九二］“老夫女妻”，二者相配不太合适。

［九三］“栋桡之凶”，是由于没有他法可以解救。

［九四］“栋隆之吉”，由于它向上隆起而不是向下弯曲。

［九五］“枯杨生华”，繁华之景不能长久。“老妇士夫”，相配不合。

［上六］“过涉之凶”，没什么可以责难的。

坎卦(䷜)

坎为水(坎下坎上)

习坎:有孚,维心,亨。行有尚。

初六:习坎,入于坎窞,凶。

九二:坎有险,求小得。

六三:来之坎坎,险且枕,入于坎窞,勿用。

六四:樽酒,簋贰,用缶,纳约自牖,终无咎。

九五:坎不盈,祇既平,无咎。

上六:系之徽𬙊,寘于丛棘,三岁不得,凶。

【译文】

习坎卦,习,重复之意。卦名前加此习字,强调险之艰难,亟须注意。六十四卦中唯独《周易》八纯卦之一的坎卦前加一个习字而成一卦。《序卦传》说:“物不可以终过,故受之以坎。”大过和坎的意义正相对反,阳之过为大过,阳之陷为坎,一阳为二阴所夹则是陷之象,故坎亦是陷。阳之盛亦不可过度,至一程度便将转化为坎陷,其意则是险难。

习坎卦:心怀诚信方可亨通无阻。行必有赏。

坎卦表现的是处于进退维谷艰险万分的境地,因此必须鼓起勇气,不屈不挠地战胜困难。卦义指示由于精神和肉体都受到忧惧困扰,有发生自暴自弃、心理失衡的危险。而目前则需坚持隐忍、退守、谦让之道,并且专注于学习增进,方能扭转逆境。

初六:处于重重坎险而陷入深坑的境地,凶险非常。

初六居于最下位,又阴柔不正,是陷中之陷,难以脱身,所以十分凶险。比之于社会生活,坎为法为刑,重叠之象正喻曾经犯法已经经受惩罚之后不知悔改又再犯之貌。

九二:有险在坎,故仅有小得。

九二还未脱离正陷入的艰难之中,而前方仍有险阻等待它。然而此爻阳刚得中,又为内卦主爻,虽然不能完全脱离险境,但不奢求大的进展的话，目的还是可以达到的。

六三：来往途中皆有坎险，身临险境而不知安分，而误入险坑之中，（此爻占之）不可用。

六三不中不正，性又阴柔，且处于上下两个坎卦中间，进退维谷。不得已停止不前，但又身在坎中而不得安稳，而且没有其他可以解救它的办法。它试图挣扎但徒劳无功，仍是不可解脱。

六四：用瓦器盛着一樽酒、两簋饭，器具简朴。而献祭过程也简约方便，只需从窗口送入即可。无害。

六四爻居于九五君侧，而性柔顺，其一心一意辅佐九五，以期结束坎难的局面，而毫无私情杂念。但是处在坎险之时只能一切从简，所以用简单的祭礼代替。不过六四与九五阴阳相比，心怀诚信将使事态通达无阻，终将避免灾祸。

九五：坎陷未被填满，小丘却已被推平，没有妨害。

九五处尊位，阳刚中正，其位其德都堪当拯救天下险难的大任。但九五的中德可以拯救百姓于水火，但还没能使百姓感到真正安居乐业。

上六：犯人被绳索捆绑着关进狱中，被囚禁了三年，凶险。

上六处于坎卦之极，性又阴柔，如同绳索将其紧紧束缚，投入狱中三年，故占断凶险。此爻警示人们，在险境之中轻举妄动，将难以自拔、愈陷愈深。

《彖》曰："习坎"，重险也，水流而不盈。行险而不失其信，"维心亨"，乃以刚中也。"行有尚"，往有功也。天险不可升也，地险山川丘陵也。王公设险以守其国，险之时用大矣哉！

【译文】

《彖传》说："习坎"卦，险境重重，如无尽的流水没有尽头。在险境中行事必须心怀诚信，"维心亨"，才是行刚健中正之道。"行有尚"，是指示前往而取必得成功。自然之险不可以再高，地险则有山、川、丘陵等险要，古代统治者为保卫国家也要设置险要。设置险阻要把握时机具有多么重大的意义啊!

《象》曰:水洊至,习坎。君子以常德行,习教事。“习坎入坎”,失道凶也。“求小得”,未出中也。“来之坎坎”,终无功也。“樽酒簋贰”,刚柔际也。“坎不盈”,中未大也。上六失道,“凶三岁”也。

【译文】

《象传》说:习坎卦,水流而不尽。君子观此象,时常修行道德,学习政教事务,不可停滞不前。

[初六]“习坎入坎”,其位不当而失其正道,占断凶险。

[九二]“求小得”,不出中位,故有小得。

[六三]“来之坎坎”,最终脱险失败。

[六四]“樽酒簋贰”,九五与六四刚柔相济又相亲。

[九五]“坎不盈”,位中而光大未成。

[上六]上六爻乘九五阳刚,性又阴柔,其力柔弱,而身居险地,偏离正道,因此恐会“凶三岁”。

离卦(䷝)

离为火(离下离上)

离:利贞,亨。畜牝牛,吉。

初九:履错然,敬之,无咎。

六二:黄离,元吉。

九三:日昃之离,不鼓缶而歌,则大耋之嗟,凶。

九四:突如其来如,焚如,死如,弃如。

六五:出涕沱若,戚嗟若,吉。

上九:王用出征,有嘉折首,获匪其丑,无咎。

【译文】

离卦，卦象离下离上。离为火为附，有附丽、光明之意。《说卦传》曰："离，丽也。"丽，离卦六爻是阴附丽于上下之阳，所以意为附丽而非美丽。离卦二、五都是阴爻，阴为虚。离为火为明，其特征也是虚，故必附丽于他物，不能自成而明。

离卦：占问吉利，亨通无阻。畜养母牛，大吉。

见此卦之时务必如同对待火一般格外留意慎重。火固然在人类生活中不可或缺，但它也极危险，处置不当则引起巨大灾祸。再观之人世诸事亦是如此，若只看到它有利的一面而恣意妄为不加节制，必将玩火自焚；而相反地，只看到它穷凶极恶的一面，则恨不得去消灭它而失去了它带来的便利。因此此卦警示人们事物发展之繁复，其变化多端，应随机应变。交涉事物则需察言观色，如二人意志不合，则说明没有成功的把握。

初九：脚步杂乱，对待它时谨小慎微则没有妨害。

初九处离卦之始，以喻聪明，性阳刚，代表积极进取，但方向未定，一开始又脚步杂乱，很有可能陷入极度的危险。所以警示众人不能轻举妄动，要谨慎行事。说明所依附的对象要谨慎选择。

六二：得明处中，吉。

六二爻阴爻阴位得正，处内卦中位，附于中色，因此有中正之德，占断吉利。

九三：日西斜而附着于天，歌而不击缶，老人嗟叹有声，此乃凶象。

九三爻是内卦离之终，如同一日之将暮，又如同人将衰亡人生终了之时。既然人到暮年，唯有乐天知命，不必过于为此烦恼，应顺从自然规律。离之附丽于天命而不失其道，此卦义正在于乐天知命而无忧。然而九三阳爻阳位，只顾躁进但力有未逮，徒添无力之叹，此是凶兆。

九四：敌人的袭击非常突然，烧杀掠夺，无恶不作，满地狼藉。

九四爻处于上下两离之间，即前日西沉后日正升时两个太阳的接连之处。九四爻欲退而不能故处离之柔顺，欲进向前而又不为所容，所以被抛弃和焚烧终了。

六五：（幸存者）眼泪如大雨一般滂沱，满目疮痍不禁分外忧戚和悲叹，但幸而保全性命还可再起，也算吉利。

六五和六二都柔弱得中，但是六五居君位而又不正，所以日夜忧惧九四暴烈的性情会逼迫它，然而时刻的警惕可以化险为夷，所以终获吉祥。

上九：为君之人可以起兵讨伐，获匪其丑：嘉奖使作乱之魁首折服之人，而不是嘉奖使其胁从折服的，执获甚众。没有灾祸。

上九为离卦之极，位置高所以能遍观每一个角落，而又是火力最盛之处，故刚毅果断，利于用兵，刑罚罪人。不过，主杀罪魁祸首，而非胁从之人，不滥杀无辜，所以可以避免灾祸。说明对于邪恶之徒应断然消灭，但只杀为首之人。

《彖》曰：离，丽也。日月丽乎天，百谷草木丽乎土，重明以丽乎正，乃化成天下。柔丽乎中正，故"亨"，是以"畜牝牛，吉"也。

【译文】

《彖传》说：离卦，附丽、附着之意。日月附于青天之上，谷物草木附于土地之上。六五重明附于中而正大光明，天下万物方得以化育。六二阴柔附于中正之位，故"亨"，而以"畜牝牛"为"吉"。

《象》曰：明两作，离。大人以继明照于四方。"履错之敬"，以辟咎也。"黄离，元吉"，得中道也。"日昃之离"，何可久也。"突如其来如"，无所容也。六五之吉，离王公也。"王用出征"，以正邦也。"获匪其丑"，大有功也。

【译文】

《象传》说：离卦，二离相叠之卦，离为日为火。大人观此象，当以美好的德行光明万丈继而普照四方。

［初九］"履错之敬"，以避免灾祸和过失。

［六二］“黄离，元吉”，由于位正得中。

［九三］“日昃之离”，不会有长久不熄的光明。

［九四］“突如其来如”，很难找到容身之所。

［六五］六五之吉，附于公侯。

［上九］“王用出征”，以保护邦国的安全。“获匪其丑”，是立下大功的行为值得嘉奖。

周易下经

咸卦(䷞)

泽山咸(艮下兑上)

咸:亨。利贞。取女,吉。

初六:咸其拇。

六二:咸其腓,凶。居吉。

九三:咸其股,执其随,往吝。

九四:贞吉,悔亡。憧憧往来,朋从尔思。

九五:咸其脢,无悔。

上六:咸其辅、颊、舌。

【译文】

咸卦的咸字是交感之意,其直接表现为男女、夫妇之间作为人伦之始的关系,也是文明社会的起源。以人类的生活为基础的是自然的感应,男女间微妙的感情则是生活上的感应。男女间的感应其力之巨足以推动人类的发展。艮为少男,兑为少女,也正是由此得到本卦的卦名"咸"。参照天地泰卦之理,坤阴居上乾阳居下,阴阳沟通交感。咸卦同泰卦相似,兑阴在上艮阳在下,相互沟通。但有个值得注意的问题是,咸卦卦辞以象男女婚姻,爻辞却都取向于人体部位。

咸卦:亨通无阻。占问吉利。娶得此女,吉。

此卦表现的是物物交感之时,其所感应如同声音响应,有实质而并非局限于理论上,事情变化发展极快,同时又多见理智不能控制情感的情况。然而目前正是上下一心以求精诚合作之时,唯有尽全力谋求发展。

虽然行事过快有速快而不精之嫌，但卦象显示迅速是可以奏效的，而不该迟疑犹豫。还是应该尽早地开门见山，表达愿望，可以使得矛盾尽早解决，使事情通达顺利，拖延太久恐会坐失良机。

初六：足指接收到了远处传来的感应。

初六处咸卦最下方，象征大脚趾。初六与九四相应而去求。虽脚趾已接收到远处传来的感应，但力量薄弱而不能进，故吉凶未定。

六二：腿肚接收到了传来的感应，凶兆。宜于安居静养，吉。

六二爻以喻腿肚，其应爻为九五，但九五是背部而不能接收到感应，况且脚随腿肚一动，它就疏远了九五而易于跟从九三，此乃凶兆。但若能以柔顺中正坚守正道而不妄动，就可以逢凶化吉。

九三：臀部接收到了传来的感应，牵动其连接的部位随之而动，往则不利。

九三爻以喻臀部，它做不到自主而动，而是随着脚和腿肚行动而动，从而带动身体。不过，九三处内卦艮的顶点，阳刚有主见，因此要静候发展、伺机而动。如果随便跟从初六、六二这两个阴柔小人而动，则会有凶险。警示人们不可盲从。

九四：占断则吉，悔事消亡。双方通过眼神交流、相识相许，感情融洽。

九四爻是咸卦的主爻，以喻心脏，是感性之源。九四阳爻虽处于阴位而不正，但在九三、九五之间，而又与初六阴爻交感相通，他们似恋人一般情感融洽，眉目传情。

九五：背部接收到了传来的感应，没有悔恨。

九五爻以喻感觉极为迟钝的背部。表现了一种无欲而隔世的态度，因此不会与外界有过多瓜葛，所以不生悔恨。

上六：（说话时）可以感到牙床、面颊、舌头连带着一起动作。

上六已是咸卦之极，又是上卦兑之终。舌灿莲花，取悦于人，而乏诚意，此是小人行径。说明当以至诚作为感应之关键，不可耍弄言辞。

《彖》曰：咸，感也。柔上而刚下，二气感应以相与，止而说，男下女，是以"亨，利贞，取女吉"也。天地感而万物化生，圣人感人心而天下和平。观其所感,而天地万物之情可见矣。

【译文】

《彖传》说:咸卦,感应之义。柔上刚下,阴阳二气交感相通和谐共处,艮止兑悦,以喻男下而求女,故曰“亨,利贞,取女吉”。天地(阴阳)二气交感和合而使万事万物生成变化。贤者与天下万民心意相感,使得天下大治。考察其交感互通之道,可以遍观天下万物之情状。

《象》曰:山上有泽,咸,君子以虚受人。“咸其拇”,志在外也。虽“凶,居吉”,顺不害也。“咸其股”,亦不处也。志在随人,所执下也。“贞吉悔亡”,未感害也。“憧憧往来”,未光大也。“咸其脢”,志末也。“咸其辅、颊、舌”,滕口说也。

【译文】

《象传》说:咸卦,象山上有泽。君子观此象,当用谦虚之态接受他人的意见。

[初六]“咸其拇”,外部感应,于对方有所感。

[六二]尽管“凶,居吉”,但若顺应本性而柔弱谦卑就可以免于灾祸。

[九三]“咸其股”,也不止。如果一味盲从,自己所坚持的目标就未免太廉价了。

[九四]“贞吉悔亡”,没有什么妨害。“憧憧往来”,这份情感还没有公开。

[九五]“咸其脢”,在细微小事之处安置其志。

[上六]“咸其辅、颊、舌”,以舌灿莲花、耍弄言辞的方式来取悦对方。

恒卦(䷟)

雷风恒(巽下震上)

恒:亨,无咎。利贞,利有攸往。

初六：浚恒，贞凶，无攸利。

九二：悔亡。

九三：不恒其德，或承之羞，贞吝。

九四：田无禽。

六五：恒其德，贞；妇人吉，夫子凶。

上六：振恒，凶。

【译文】

咸卦阐释的是夫妇之道，而夫妇之道务在白头偕老，长久不变，故咸卦之后有恒卦。《序卦传》曰："夫妇之道不可不久也，故受之以恒。恒者，久也。"恒乃久常之义。恒卦震外巽内，正是男外女内，男动女顺之象。这是古代男尊女卑，夫妇有别的认识，古人认为只有这样才能维持家庭人伦之恒常。

恒卦：亨通无阻，没有灾祸。占问吉利，所往有利。

卦辞表明应效法雷、风之恒常不懈，有始有终，方能通达无阻。如果急功近利，心存侥幸，则结果只能是徒劳无功。

初六：过深入执着的以求恒久，将妨害恒的本义的体现，占断有凶，无利。

初六是巽卦的主爻，同九四阴阳相应，初六以巽为入，故定会深入执着地追求。但是，在初爻就躁进求深，并非正确之法、恒常之道。九四爻又阳爻居阴位，其位不正，因而凶险非常，所往无利。

九二：没有悔恨之事。

九二阳爻居阴位，其位不正，本会有所悔恨，多有怨尤。但因其居中，虽有过刚之误也可以弥补，所以终将无悔。

九三：由于美德不能长久保持而蒙受羞辱。即使有单纯的动机，也不能免于受此耻辱。

九三爻阳爻居阳位，其位得正，但已过巽卦的中爻，摇摆不定难以停留一处，又应于上六，更是不安其位，对现状不满。观之于夫妇，则如妇不能守贞，必有蒙羞之忧，无地自容之耻。就算得其位，而不得其中，还是不能免于羞耻的境地。

九四：行田猎之事而没有收获任何禽兽。

九四阳爻是外卦震的主爻，但居于阴位，其位不正，虽主爻励其恒常，但其位不称，终无所成。

六五：长久地保持美德，宜坚守之。妇人若得吉，男人则有灾祸。

六五处中位，阴爻性情柔顺，又应于九二阳爻，象征为妻一般柔弱顺从、坚贞不移的德行。不过为妻的正道是柔弱顺从，坚持此德方得大吉；但对丈夫而言则有凶险。

上六：常道遭到动摇和破坏，凶兆。

上六爻居震卦之极而恣意妄为，此爻偏偏性又阴柔，难以持之以恒；加上至于极点的恒久不懈，也有过度之嫌，有悖常理，故有凶险之兆。

《彖》曰：恒，久也。刚上而柔下，雷风相与，巽而动，刚柔皆应，恒。恒"亨，无咎，利贞"，久于其道也。天地之道，恒久而不已也。"利有攸往"，终则有始也。日月得天而能久照，四时变化而能久成，圣人久于其道，而天下化成。观其所恒，而天地万物之情可见矣。

【译文】

《彖传》说：恒卦，恒久之义。上位阳刚，下位阴柔，雷动风行，互相助力，全卦的六爻皆刚柔相应、阴阳和谐。恒卦可以长久地行于正道，故能"亨，无咎，利贞"。天地间恒常而无穷止的是大自然的规律法则。自然变化往复不穷，相辅相成，故"利有攸往"。日月经天其耀恒久，四时变化而万物不息。圣人久持正道，引领教化天下之民安居乐业。唯有洞察恒常之道，方可明辨天地万物之情状。

《象》曰：雷风，恒。君子以立不易方。"浚恒之凶"，始求深也。九二"悔亡"，能久中也。"不恒其德"，无所容也。久非其位，安得"禽"也。"妇人贞吉"，从一而终也。夫子制义，从妇凶也。振恒在上，大无功也。

【译文】

《象传》说：恒卦是雷与风的结合。君子观此象，应确立不可更改需长期坚守的原则。

[初六]"浚恒之凶"，正在于从最开始就躁进求深。

[九二]九二"悔亡"，真是由于其能恒久地坚守中道。

[九三]"不恒其德"，难容于人。

[九四]不安其位，难以持之以恒，怎能得"禽"？

[六五]"妇人贞吉"，女子终其一生只嫁与一个丈夫。丈夫需要有所决断，能果断地处理事情，过于顺从妻子的意见则是凶兆。

[上六]振恒居上，无功而贪大。

遁卦(䷠)

天山遁(艮下乾上)

遁：亨，小利贞。

初六：遁尾，厉。勿用有攸往。

六二：执之用黄牛之革，莫之胜说。

九三：系遁，有疾厉，畜臣妾吉。

九四：好遁，君子吉，小人否。

九五：嘉遁，贞吉。

上九：肥遁，无不利。

【译文】

遁卦是退避、隐遁之义。卦由乾艮二卦组成，乾为阳为天，天在上，是上进之象。艮为山为止，有登高而止难进之象。故乾艮相对，故名为遁。卦中又二阴自下而生，正是阴长阳消之时，君子式微小人渐盛，当下唯有压制引导，使小人向善，方为上佳之策。但应时而动，有制止不得之时如其一味地讲求控制而又太过，则又恐导致劳民伤财、自身难保。所以还不如退而避之，以待时机。咸、恒两卦之后排一遁卦，确实有特别深刻的含义。

遁卦：亨通无阻，占问之事可得小利。

隐遁之时，意图、希冀等尽管正当，也很难行得通。由于阴长阳消，所以任何事情进展都不太乐观。

初六：逃脱之时落在最后，必有灾祸，所以不应前往。

初六是遁卦之末，先者已经逃至上方，落到最后的都是迟疑不决者。在小人得势之时，落后则必然危险；但若快速前进，亦反而有灾。

六二：用黄牛皮制成的绳索捆缚，使之不能脱身。

六二阴爻阴位，得中得位，又应于九五爻，二者阴阳相应，象征它顺从其主的意志坚定，有牝马之贞，不会设法自己逃脱其绊。

九三：当试图隐退之时却被羁系绊住而不能脱身，只会使得危急加深，畜养男奴女奴则吉。

九三爻处阳爻阳位，刚强得正，而与两个阴爻都在内，想尽快向远处逃遁，但为阴爻所拖累，危机感极强，若对待它如同畜养奴隶一样，就可以免受其累而得吉。

九四：既对其位保持热情，又能在需要之时决然隐退，对于君子则吉，对于小人则是凶兆。

九四阳爻，性刚健，它较九三隐遁为快，但在内、外卦的中间，不能做到完全隐退，又应于初六，表示其因喜好而受牵制的情形。但它又能够决绝而去，君子能行此事，必然吉祥；小人则难以做到这种地步。说明贪恋无益，当断然隐遁。

九五：对及时隐退表示赞美，守其正道，吉。

九五爻阳刚中正，应于六二，虽然六二为阴，但性情柔顺中正，不会拖累九五。所以不用为隐遁之事过于烦忧，故有喜悦之态。但仍需不离正道，方得吉利。

上九：隐遁时保持从容镇定的态度，则不会遭遇什么不利。

上九爻无应不比，位置最远，毫无挂碍，大可以无忧无虑，没有迟疑之时，正是决然逃遁、远离此地的好时机，利于自己志愿的达成。

《彖》曰：遁，“亨”，遁而亨也。刚当位而应，与时行也。“小利贞”，浸而长也。遁之时义大矣哉！

【译文】

《彖传》说：遁卦，“亨”，指恰好是隐遁的时机则要把握住及时隐遁，才能亨通无阻。九五阳刚正当其位，又应于六二，需应时而动。“小利贞”，阴柔的一方势力逐渐发展壮大。遁卦提示人们隐退要注意时机具有多么重大的意义啊！

《象》曰：天下有山，遁。君子以远小人，不恶而严。“逐尾之厉”，不往何灾也？“执用黄牛”，固志也。“系遁之厉”，有疾惫也。“畜臣妾吉”，不可大事也。君子“好遁”，“小人否”也。“嘉遁，贞吉”，以正志也。“肥遁，无不利”，无所疑也。

【译文】

《象传》说：遁卦，天下有山。君子观此象，当疏远小人，不过并不是因为憎恶而疏远，关键在于通过这个以示威严，使小人能敬而远之，避之不及。

［初六］“遁尾之厉”，不隐遁还会有什么灾祸呢？

［六二］“执用黄牛”，意在坚守自己的志向。

［九三］“系遁之厉”，唯有通过使其危机感加深而让它疲困不堪。“畜臣妾吉”，不可施为大事。

［九四］“好遁”是君子作为，而“小人否”。

［九五］“嘉遁，贞吉”，九五使其隐退之志端正起来。

［上九］“肥遁，无不利”，无可怀疑。

大壮卦(䷡)

雷天大壮（乾下震上）

大壮：利贞。

初九：壮于趾，征凶，有孚。

九二：贞吉。

九三：小人用壮，君子用罔，贞厉。羝羊触藩，羸其角。

九四：贞吉，悔亡。藩决不羸，壮于大舆之輹。

六五：丧羊于易，无悔。

上六：羝羊触藩，不能退，不能遂，无攸利。艰则吉。

【译文】

大壮卦下乾上震，乾刚震动，此卦阳刚过中，《周易》里阳大阴小是合于天道的。此卦有大者壮的意义。大壮是为阳之壮，强盛之意。事物衰则盛，故遁后必壮，所以大壮卦紧接于遁卦之后。内卦乾为刚，外卦震为进，刚者进，自然大者壮也。

大壮卦：对守其正道有利。

先要明确此卦气势过盛，反而正是有失败之兆的时候。如同正在下坡速度过快的车，无法制止，其隐患足令人警惕。壮者恃其力，才子恃其才，富者恃其富，强者恃其势。以为自己有一技之长者必恃之以强行霸道，反而可能招致灾难。

初九：脚趾受伤，以喻出征凶险；但需心怀诚信。

初九阳爻阳位，得位得正，但无法应于九四，阴阳不接，上方又无援助，故进而有凶。初九乃潜龙之位，隐而不足用。不过大壮之时，躁进难挡，如此必败，即使心怀诚信，还是难以通达顺利。

九二：坚守正道则吉。

九二爻处阴位，但以阳居其中，故得吉。初九与它皆阳爻，但九二颇知节制，不急于前进。因此，虽处大壮，也不影响它的吉利。

九三：势大骄人者乃小人，虚怀若谷者乃君子，占断危厉。公羊喜欢用角顶撞羊圈的篱笆而将角陷入其中，不能自拔。

九三阳爻阳位，位得正，居乾卦之极，有过于刚强妄动之虞。这一刚强之气会为小人利用，以欺凌别人；但君子用之可以节制，处壮而不用。

警示人们壮不可以被利用以肆意妄为。

九四：坚守正道则得吉，不再有悔恨之事。公羊抵坏了篱笆，因此不再受羊圈的束缚，可又碰坏了大车之辐。

九四爻与九二爻同居阴位，不受大壮躁进的影响，故结果还算贞吉。如此坚守正道，使得行事不再生悔恨。又因柔爻在前，所以说像公羊终于抵开篱笆，摆脱羊圈的束缚，却又碰坏了车辐，唯有间断前进。

六五：羊在田野边丢失了，没有悔恨。

本卦的主爻六五，为阴爻，又居尊位而处中。故以卦为羊，该爻则算是饲主。然而这个饲主不需其壮，又听任其外逃而不追回，不把这些当作自己的羊来对待。唯有如此，才能不受大壮躁进的影响而招致灾祸，也不会再发生让自己后悔的事。

上六：公羊冲撞篱笆，进退维谷，并无所利。预示想要得到吉需要经受诸多艰难困苦。

上六阴爻居阴位，没有受躁进的危害。但其力不足却处于大壮卦之极，躁进冲撞篱笆，又处震卦之末，动而不知退，可谓进退维谷。陷于这种困境都是由于不估计自己的实力而妄为的结果。只有受过艰苦才能体会其境，唯有以初心守本分，才能吉祥。

《彖》曰：大壮，大者壮也。刚以动，故壮。大壮“利贞”，大者正也。正大而天地之情可见也。

【译文】

《彖传》说：大壮卦，阳刚盛大之义。下乾性刚健；上震性尚动，雷壮天威，尤见其强壮。大壮卦“利贞”意指需坚持正道，方能恒久壮大。道正而大方可遍观天地万物之情状。

《象》曰：雷在天上，大壮。君子以非礼弗履。“壮于趾”，其孚穷也。九二“贞吉”，以中也。“小人用壮，君子罔”也。“藩决不羸”，尚往也。“丧羊于易”，位不当也。“不能退，不能遂”，不详也。“艰则吉”，咎不长也。

【译文】

《象传》说：雷响于天，雷助天威，壮之又壮，为大壮卦。君子观此象，不能行与礼相违背之事。

［初九］“壮于趾”，穷困其孚。

［九二］九二“贞吉”，居中位之故。

［九三］“小人用壮，君子罔”。

［九四］“藩决不羸”，因其喜躁进之故。

［六五］“丧羊于易”，其位不当。

［上六］“不能退，不能遂”，不能正确地看待自己的处境。“艰则吉”，不会长久地处于灾祸之中。

晋卦(䷢)

火地晋（坤下离上）

晋：康侯用锡马蕃庶，昼日三接。

初六：晋如，摧如，贞吉。罔孚，裕无咎。

六二：晋如，愁如，贞吉。受兹介福，于其王母。

六三：众允，悔亡。

九四：晋如鼫鼠，贞厉。

六五：悔亡，失得勿恤。往吉，无不利。

上九：晋其角，维用伐邑。厉，吉；无咎，贞吝。

【译文】

晋卦坤下离上，象明出于地上，取向于地平线上冉冉升起的太阳，升得越高越盛大光明。晋与进古时同音同义，有前进之意，故曰晋。卦所以称晋而不称进，是因为晋字还有明盛之意，而不仅限进之意。

晋卦：王赏赐康侯很多良驹，一日之内接见三次。

此卦犹如夜将逝去而黎明将至,可知会有光明的前途。经历了千辛万苦,此时方脱离黑暗的境地,得到情况好转的征兆,自己的计划也将很快实现。然而,这只是征兆所以仍然有阻碍,并非通达无阻,更不可立刻行事,得意忘形。在晋卦中,行事无须迟疑,只需奋进方能得到预期的效果。

初六:或进或退,坚守正道则吉,不怀诚信,待命以宽则不生过失。

初六处于最下位,性阴柔而力弱,虽然应于九四,但九四阳爻处于阴位,其位不正,无力援助,此时前进必会受挫。但若能守其正道还是可以得到吉利的。就算难以取信于人,只要自己光明正大心中坦然,则不遭遇灾难。说明要正确对待前进时的成功或失败,就算失败,也能泰然处之。

六二:前进了又使人徒生忧愁,守其正道则吉。如同孙子在祖母那里享受被宠溺地巨大福祉一样。

六二处下卦中位,又阴爻阴位,得中得正,升进是自然的事。但不应于六五阴爻,没有援引在上,故前进有难度,不能不因此而生忧愁。唯有坚持正道,还可以维系吉祥;就如同得到祖母的宠溺一般,是极大的福气。

六三:得到众人的信任,不会再有悔事发生。

六三阴爻居阳位,其位不正,又不得中,自然会生后悔之事。不过下方志同道合的两个阴爻,也试图前进,,悔事就因得到信赖而消失了。

九四:其位虽升却若硕鼠窃居来历不正,占断危厉。

九四不处中位,又阳爻居阴位,不中不正,却升至高位;因为道德的缺失,地位越高则越像田间的大鼠一般贪婪。因此得高位而行不正,前途堪忧。警示人们不可贪得无厌,侥幸升迁。

六五:不再生悔恨之事,无须忧虑得失,往则吉,无不利。

六五是上卦离象光明的主爻,但其阴爻居阳位,其位不正,下卦坤顺,因此表现的是居高位而怀光明磊落之态,又有服从者在下的情况,因此不再会发生值得悔恨之事。所以,无须忧虑得头,前进必会吉祥,无不利。

上九:进无可进,退无可退,唯有攻其城邑。危厉虽有,但终于有惊无险。没有灾祸,占问有一定难度。

上九乃晋卦之极,故阳爻阳刚而躁进暴动,故上行的阴柔遭到讨伐,其危厉程度自不必说。若能深刻反省危厉之害,便能转危为安。否则,不知悔改其灾将至。

《彖》曰：晋，进也。明出地上。顺而丽乎大明，柔进而上行，是以“康侯用锡马蕃庶，昼日三接”也。

【译文】

《彖传》说：晋卦，升进之意。太阳从地上升起而光芒万丈，大地柔顺谦卑而依附于日。阴爻虽然柔顺，但有上行挺进之势。故曰“康侯用锡马蕃庶，昼日三接”。

《象》曰：明出地上，晋。君子以自昭明德。“晋如摧如”，独行正也。“裕无咎”，未受命也。“受兹介福”，以中正也。“众允”之志，上行也。“鼫鼠，贞厉”，位不当也。“失得勿恤”，往有庆也。“维用伐邑”，道未光也。

【译文】

《象传》说：晋卦，太阳从地上升起，光芒万丈之象。君子观此象，当使自己本就有的正大光明之德更加发扬光大，照耀万民。

［初六］“晋如摧如”，是踽踽独行，坚守正道之故。“裕无咎”，未受王命。

［六二］“受兹介福”，因为坚守了中正之道。

［六三］“众允”之志，乃升进发展。

［九四］“鼫鼠，贞厉”，其位不当所致。

［六五］“失得勿恤”，奋勇向前而不犹疑，吉。

［上九］“维用伐邑”，尚未将正道发扬出去。

明夷卦(䷣)

地火明夷(离下坤上)

明夷：利艰贞。

初九：明夷于飞，垂其翼。君子于行，三日不食。有攸往，主人有言。

六二：明夷，夷于左股，用拯马壮，吉。

九三：明夷于南狩，得其大首，不可疾，贞。

六四：入于左腹，获明夷之心，于出门庭。

六五：箕子之明夷，利贞。

上六：不明晦，初登于天，后入于地。

【译文】

明夷卦与晋卦正好相反，卦象离下坤上，明在地下。晋卦乃盛明之象，在上有明君，在下而有贤臣。明夷则是昏暗之象，上有昏君，贤臣式微，故光明受损。明夷之时，日入于地中，一指明者损其光，二指无光昏且暗。

明夷卦：经历千难万险，宜于守其正道。

此卦指示，不是所有的事情都能用一个道理解释得通。尽管才高八斗，也有不为所用之时。家中灯火不明，黯然萧条。暗则内容不够充实，仅凭外表判断，必然失败。此卦还有困惑辛劳之意。此困惑是丰裕所致，而非缺乏。钱多而得其祸，才贤而遭妒，都是此理。告诫人们不可轻易炫耀自己之物而为人所知。

初九：鸣鹈低垂着其翅膀飞行。行路在外的君子多日吃不上饭。此时前往，必生责骂之词。

初九爻为此卦之始，如同鸟垂下受伤的羽翼在空中飞行，不过飞得还算高远，说明其伤不重，尚能脱险，故君子行于外，逃亡之时难免穷困，多日不曾进食；就算前往而至，也会受到主人的责骂之词，认为其不识时务。警示人们在无道之时，唯有韬光养晦以求自保。

六二：伤到了左腿，而用健壮的良马救护受伤之明。吉。

六二较初九伤情更重，初九仍可挣扎一飞，六二已然行动不能了。但若能挽救及时，仍可吉祥。

九三：光明受损之时应狩猎于南方，得其元凶，不应操之过急，当坚守其正。

九三爻处于内卦离之极，尤为明智。九三刚爻刚位，它不似离火之明德，而有火之猛烈，乃是至刚之性，并急于前进，其目标显而易见是应爻上六。然而，此种行动，不可急于求成。

六四：深入腹地，明夷之君的用心之暴烈已经暴露，于是决然出逃。

六四爻并不想与主魁同谋，是因为它善解人意，能明其所想，所以不愿参与不正当的行动。又怕祸及自身而远遁。

六五：箕子光明磊落，宁愿伤害自己来持守正道。

在外卦坤所有阴爻的中间有一六五爻，说明乃是最为黑暗之时，又近于昏暗的上六。对于阴柔的六五，要它改变现状，它确实力量有限而难以做到。既然如此，与其表明心志，引来迫害和灾难，还不如隐忍其志，明哲保身。此即所谓"箕子之明夷"。

上六：晦暗不明的天空，一开始好像如同天上仙境，而后立即又进入幽深地狱。

造成明夷昏昧之局面的罪魁祸首是上六爻。它居于外卦坤之极，偏又只知自恃其力，而不能自觉出自身的昏庸。此爻暗示纣王暴虐，起初威震四海，最后至于灭亡，说明与正义相违背的行动，必然导致失败。

《彖》曰：明入地中，明夷。内文明而外柔顺，以蒙大难，文王以之。"利艰贞"，晦其明也。内难而能正其志，箕子以之。

【译文】

《彖传》说：明夷卦，光明入于地中。内有文明光大之德，外有谦卑柔顺之行，晦明则是会遭遇灾难，如周文王即是此类。"利艰贞"，隐忍不明其光明正直之，静待时机。经历艰险而仍能端正其志，如箕子即是此类。

《象》曰：明入地中，明夷。君子以莅众，用晦而明。"君子于行"，义不食也。六二之吉，顺以则也。"南狩"之志，乃大得也。"入于左腹"，获心意也。"箕子之贞"，明不可息也。"初登于天"，照四国也。“后人于地”,失则也。

【译文】

《象传》说：明夷卦,乃光明入于地中之象。君子观此象,在临位治民之时,要善于以隐晦的方法明察其事。

[初九]“君子于行”,为义可以做到不进食。

[六二]六二的吉,柔顺谦卑且合于中正。

[九三]“南狩”之志,甚得民心。

[六四]“入于左腹”,方能了解其真实的目的。

[六五]“箕子之贞”,其德之明不会被熄灭。

[上六]“初登于天”,其治国之贤遍及四方的侯国;“后入于地”,由于丧失治国之法而陷入黑暗。

家人卦(䷤)

风火家人(离下巽上)

家人：利女贞。

初九：闲有家,悔亡。

六二：无攸遂,在中馈,贞吉。

九三：家人嗃嗃,悔厉,吉。妇子嘻嘻,终吝。

六四：富家,大吉。

九五：王假有家,勿恤,吉。

上九：有孚威如,终吉。

【译文】

家人卦,离内巽外,风自内而出于火,乃自家内而及于外。从爻象来看,六二得正于内,是女居于中,九五得正于外,是男居于中,男女各得其正。故曰家人卦。

家人卦：宜于女子守其正。

家人卦卦义与家庭之奥义有密切联系。故可得知，在行为错误而易于发生家庭纷争之时，会导致外出工作分心而不力。此卦是告诫人应先解决家庭纷争和内部矛盾。进取之前需固守其内，这是立身之本，更是重中之重。

初九：在家中也防患于未然，不会再有悔恨之事发生。

初九此卦之始，阳爻阳位，性刚健而得正。以喻在家中仍能居安思危、防患未然，就不会发生让人悔恨之事。

六二：没有大的抱负，而在家中安排起居饮食之事，占问则吉。

六二阴爻居阴位，由于性情过于柔顺，本来难以主动成事，也胸无大志；但其位得正得中，正是妇人应有的守正之德。

九三：家人哀怨不已，叫苦不迭，虽然有危厉，但可以转危为安。妇人、孩子整日玩乐嬉笑，没有节制会有灾祸发生。

九三爻位于内卦最上位，俨然一副一家之主之貌。但因刚爻刚位，严厉过度，不能适度而生悔事。但虽威严而不失家道之法，尚能维持吉利。至于妇人、孩子整日嬉笑而没有节制，终会招致灾祸。告诫人们治家宁严不宽。

六四：最大之吉乃是使家庭富足。

六四阴爻阴位，其位得正，又是外卦巽之始，故性顺从谦卑；守本分，行正道，谦逊顺从而会持家，家庭必然富足，故大吉。

九五：君王有家道之明，无须过于担忧，吉。

九五处君位，性刚健中正，又应于六二，构成阴阳相应的态势。表明一家人和睦相处、相亲相爱的情形。

上九：一家之长应心怀诚信，家教威严庄重，最终得吉。

上九阳爻在此卦最上位，代表一家之主。家长治家以诚信之道，因此可以教化家人，存善心为善事。家长威严治家，方得吉利。

《彖》曰：家人，女正位乎内，男正位乎外。男女正，天地之大义也。家人有严君焉，父母之谓也。父父、子子、兄兄、弟弟、夫夫、妇妇，而家道正。正家而天下定矣。

【译文】

《象传》说：家人卦，女以正道守内，男以正道守位外。男女遵循自然正道，是天地运行的规律。一家之长为父母。父为父、子为子、兄为兄、弟为弟、夫为夫、妇为妇，尊卑有序是家道严正的表现，唯有如此天下才能安定。

《象》曰：风自火出，家人。君子以言有物而行有恒。"闲有家"，志未变也。六二之吉，顺以巽也。"家人嗃嗃"，未失也。"妇子嘻嘻"，失家节也。"富家，大吉"，顺在位也。"王假有家"，交相爱也。"威如之吉"，反身之谓也。

【译文】

《象传》说：家人卦，风自火中生。君子观此象，当以家人亲爱之态处世，言有实，行有常。

［初九］"闲有家"，齐家之志没有平息。

［六二］六二之吉，是其柔弱谦卑之故。

［九三］"家人嗃嗃"，没有失去治家之道；"妇子嘻嘻"，违背了威严的家规和节制。

［六四］"富家，大吉"，柔弱顺从而其位得当。

［九五］"王假有家"，相亲相爱。

［上九］"威如之吉"，是由于求诸己而不求于外。

睽卦(䷥)

火泽睽(兑下离上)

睽：小事吉。

初九：悔亡。丧马勿逐，自复。见恶人，无咎。

九二：遇主于巷，无咎。

六三：见舆曳，其牛掣，其人天且劓，无初，有终。

九四：睽孤，遇元夫，交孚，厉，无咎。

六五：悔亡，厥宗噬肤，往何咎？

上九：睽孤，见豕负涂，载鬼一车。先张之弧，后说之弧，匪寇，婚媾。往遇雨则吉。

【译文】

睽卦兑下离上，兑为泽，泽而下；离为火，火而上。一个上而愈上，一个下而愈下，二者相背。离为中女，兑为少女，二女同居，但嫁而不同地，亦有相违之象。《序卦传》曰："家道穷必乖，故受之以睽。睽者乖也。"故睽之意乃睽乖背散。考虑到家道穷则睽乖离散，故睽卦紧接于家人卦之后。

睽卦：小事得吉。

此卦内部并不圆满，表面虽然平静，但内部相互背反而憎恨。内心又为了有两个目的而拿不定主意完成哪个而苦恼万分的时候。以及很长时间维持在行为与预期互相矛盾，以致痛苦不堪的状态。暂时事体不宜对外进行，应首先整顿内部。

初九：悔事消亡。对于走失的马不必去追赶挽回，它认识路会自己折返。不要对碰见恶人而恐惧，没有大的妨害。

在这一卦中，应相合者却背离，应背离者反而相合。故初九和九四本不相应，但反而能相互应援，使不再生悔恨之事。就像不必去追赶挽回失去的马匹，它们自然会回来。即使是恶人，对待它们能更为宽容，而不是完全排斥，适度交往，也有可能避免灾祸。

九二：在小巷中和主人偶遇，无害。

九二爻与六五爻本阴阳相应，沟通顺畅。但处在睽反之时也就发生各种龃龉，就像行于大道而难求，行于小巷却偶遇一般。这样不会有大的妨害。

六三：那牛见车被向后拖拽便用力向前拉，驾车人受过黥额和割鼻之刑。以喻起初不顺利，但最后能转危为安。

六三爻应于上九，本应前往，但由于受到其比爻九二、九四的影响，故与上九睽违而难以应和。这种情况下六三就像遭受黥额和割鼻的刑罚般的痛苦烦闷。然而其阴阳相应的关系终究难以更改，消除艰难也并非难事，起初虽不顺，最终还是能转危为安。

九四：在睽离形单影只之时而遇到存善心之人，若能坦诚相见，则无害。

九四爻不应于初九时会感到分外孤独，不过初九处于低位而谦逊，是一个有德行的善人，若能互相信任和帮助，即使遇到危险，也可以避免。

六五：不再生悔恨之事，与宗人一同吃肉，前往一下能有什么妨害呢？

六五阴爻居阳位，处尊位而居中，其位不正而性又柔弱，但应于九二，阴阳相应，可得一些应援，不再生悔事。若能与宗人和睦相处，相亲相爱，前进则无难事。

上九：正逢睽离孤独之际，见到一头背上满是污泥的猪，和一辆满载着形容枯槁像鬼怪一样的人的大车。起先开弓欲射，而后又撒手松劲。这是来迎亲的，而非强盗。若前往时能够遇雨则吉。

上九爻本应于六三爻，但六三受前后刚爻牵制，不能于上九合而一处；而上九又为睽卦之极，也是上卦明之极，未免使得上九刚愎自用，疑神疑鬼而孤立无缘。被刚爻包围的六三，则像陷入泥淖满身污秽的猪。起先开弓欲射，而后又撒手松劲。然而真相是上九与六三不是仇敌，而是阴阳相应，澄清了猜疑，终于得以结合，就像遇污泥被雨洗净，真相才得以显现，故吉祥。

《彖》曰：睽，火动而上，泽动而下。二女同居，其志不同行。说而丽乎明，柔进而上行，得中而应乎刚，是以“小事吉”。天地睽而其事同也，男女睽而其志通也，万物睽而其事类也。睽之时用大矣哉！

【译文】

《彖传》说：睽卦，火焰向上燃烧，水泽向下流动。同胞姐妹虽然同居一室，但各有其志，各嫁一方，行动难以协调一致。和悦以附光明，阴柔进而上升，得中止六五应于阳刚之九二，所以会“小事吉”。天地二者虽然相背而但都养育了万物；男女相背，而孕育子女的责任也是共同的；万物千差万别但生存繁衍的规律是一致的。睽卦强调为时所用，具有十分重大的意义啊！

《象》曰：上火下泽，睽。君子以同而异。“见恶人”，以辟咎也。“遇主于巷”，未失道也。“见舆曳”，位不当也。“无初有终”，遇刚也。“交孚无咎”，志行也。“厥宗噬肤”，“往”有庆也。“遇雨之吉”，群疑亡也。

【译文】

《象传》说：睽卦，火上泽下。君子观此象，当明白万物千差万别，但异中有同。

［初九］“见恶人”，以避免灾祸。

［九二］“遇主干巷”，相合之道仍然存在。

［六三］“见舆曳”，其位不当。“无初有终”，乃是阴柔与阳刚［上九］相遇。

［九四］“交孚无咎”，实现其志。

［六五］“厥宗噬肤”，往则有喜。

［上九］“遇雨之吉”，由于一切疑窦都烟消云散了。

蹇卦(䷦)

水山蹇(艮下坎上)

蹇：利西南，不利东北。利见大人，贞吉。

初六：往蹇，来誉。

六二：王臣蹇蹇，匪躬之故。

九三：往蹇，来反。

六四：往蹇，来连。

九五：大蹇，朋来。

上六：往蹇，来硕，吉。利见大人。

【译文】

蹇卦艮下坎上，前坎险，后艮止，故前进不能。蹇是险阻艰难之意。

蹇卦：向西南而行有利，向东北而行则不利。拜见大人，宜于守其正道，大吉。

此卦运用艰险困难的这个卦义去分析一些难以立刻得到吉利的情形，想知道自己的不足就需要常常反省。蹇难产生的原因常起于隐藏的内部矛盾。故首要目标在于整治内部，不可强行对外行动。所以应采取消极退守的方针。凡事若追求过高，则过犹不及，不如求其普通。

初六：前往则必须历尽千辛万苦，回来必得荣誉。

初六阴爻居阳位，其位不正，性又柔弱，又不应于六四，阴阳难以相应，勉强而进，必陷坎陷。所以不该自不量力地前往，自寻烦恼，而应折返至原处，静待时机，才能明哲保身。

六二：君王的大臣能够不避艰险，能匡扶王业走出蹇难。

六二阴爻阴位，得正得中，又应于上位的也一样中正的九五，构成阴阳相应之态，故能前进顺利。不过九五处上位坎险的中央，六二居臣位但不避其险难，而能迎难而上，致力于匡扶正道。虽然历尽千难万险，但是其不为一己之私，所以无所指责。

九三：前行的路上有困难就折返其途。

内卦唯一的阳爻正是九三爻，其他两个阴爻依靠于它。然而，九三又应于外卦的上六，构成阴阳相应，几欲升进。但上位无位，上六柔弱，欲援助而不能，故九三不易。但若留在内卦，审时度势，不但使内卦其他两个阴爻喜乐，又能保全自身。

六四：前行的道路上遭遇困难，需要齐心协力来克服。

六四爻已入坎险，正是进退维谷之时。不过此爻阴爻阴位，其位得正，又是离卦之主爻，附丽于九三、九五，又与九三相连，同心协力方能免于蹇难之苦。

九五：遭遇艰险之境自有朋友来助。

九五爻居尊位，位于上位坎险的正中，形势严峻。但九五刚健中正，中正的朋友六二必前来搭救，扭转蹇难的局面。

上六：前往则必须历尽千辛万苦，回来必得荣誉，吉。宜于拜见刚健中正的有德之人。

上六爻为此卦之终，进无可进，自寻烦恼，故艰难。但折返而迁就九五，齐心协力共渡难关，则会有巨大成就。至此艰难已逝，故结果吉祥。宜于拜见刚健中正的有德者。

《彖》曰：蹇，难也，险在前也。见险而能止，知矣哉。蹇，"利西南"，往得中也。"不利东北"，其道穷也。"利见大人"，往有功也。当位"贞吉"，以正邦也。蹇之时用大矣哉！

【译文】

《彖传》曰：蹇卦，难之意，难而可止不贸然前进，是明智之举。蹇卦讲"利西南"，是由于前则行于中道。"不利东北"，是道路阻塞之故。"利见大人"，往则建功立业。其位正而又"贞吉"，可治国保民。蹇卦因时致用有多么重大的意义啊！

《象》曰：山上有水，蹇。君子以反身修德。"往蹇，来誉"，宜待也。"王臣蹇蹇"，终无尤也。"往蹇，来反"，内喜之也。"往蹇来连"，当位实也。"大蹇，朋来"，以中节也。"往蹇，来硕"，志在内也。"利见大人"，以从贵也。

【译文】

《象传》说：蹇卦，山上有水之象，水向下流必遭险阻。君子观此象，当思历蹇难之苦时，应多加反省常修道德。

[初六]“往蹇，来誉”，利于伺机而动。

[六二]“王臣蹇蹇”，而无所怨尤。

[九三]“往蹇，来反”，喜悦充满了内心。

[六四]“往蹇，来连”，正当其位。

[九五]“大蹇，朋来”，正因为它有中正节制的优秀品德。

[上六]“往蹇，来硕”，有志于求贤于内。“利见大人”，因为它阴柔谦卑，附从阳刚之主。

解卦(䷧)

雷水解(坎下震上)

解：利西南。无所往，其来复，吉。有攸往，夙吉。

初六：无咎。

九二：田获三狐，得黄矢，贞吉。

六三：负且乘，致寇至，贞吝。

九四：解而拇，朋至斯孚。

六五：君子维有解，吉，有孚于小人。

上六：公用射隼于高墉之上，获之，无不利。

【译文】

解卦坎下震上，震为动在外，坎为险在内，故动于险外，有虽出于险境但险事将消之象。震为雷，坎为雨，雷雨作，阴阳合，困难已经消解，亦是解象。解卦是天下众难消解之时。

解卦：西南方向是有利的。前往时不带有目的，还不如折返回来更为吉利；怀有目的前往，则越早出发越是大吉。

蹇卦颠倒过来而成此卦，此卦又是屯卦的内外卦易位之卦，同时也是以坤包离的一卦。解卦是吉卦，又是凶卦。因为对现在在困境之中的人来说，其苦难即将得到缓解，这是大吉之事；而相反，对于契约或婚约订立等一类事，却表现为解消的凶兆。这种吉与不吉也表现在，艰难困苦接二连三，现在都将缓解消除，形势好转是好事，但只是好转的机会已至，其好转程度还有待时间。

初六：没有灾祸发生。

初六位于解卦的最下方，柔爻柔顺，其位不当，但也可苟且偷安。且初六应于九四，二者阴阳相应，虽无大吉之象，但也不生灾祸。

九二：田猎时捕猎到三只狐狸，从中发现黄色的箭头。占问则吉。

九二阳爻处内卦中位，故性刚毅而又尚中庸，又应于处君位的六五，故得君信任，能够借此铲除如狐狸一般狡诈的奸佞小人，但行事不可过于暴厉，严刑峻法使善行也畏缩不行，也不可怠慢行事使得善人受到欺侮。不但要铲除小人，又要有得箭之喜。占问遇此卦，吉。

六三：在车上坐着又背着很多东西，此举会招来盗贼，占问不顺。

六三阴爻象征小人，其位却是下卦最高，又阴爻居阳位，其位不正，德与位不称，必然会导致盗贼的觊觎。占问必定会困难重重。

九四：束缚的拇指（六三）被解开，朋友（初六）才会坦诚相见。

九四爻与初六爻相应，但其位均不正。不过，九四阳爻，象征君子；初六阴爻，以喻小人，二者应而不能成同道中人。唯有九四决然于初六绝交，真正的朋友才会接近，信任自己。即与小人断交，才会得到君子的信任。

六五：君子可以脱险，吉，获得小人的信任。

六五爻处君位，是君子之象，本卦中其他三个阴爻，是小人之象，二者易混淆。君子本应只亲君子，远小人，方能吉祥。故君子处此爻能脱险，小人也信任他故能够自然退去，从而得吉。

上六：王公贵族在高墙之上将鹫鸟射中，捕猎并获得它，并无坏处。

上六爻处此卦的最高位，但毕竟不如君位，故只能称公。这是解卦之终结故象征一切困难都已解除，后面的情形都能够顺利无阻。

《彖》曰：解，险以动，动而免乎险，解。解“利西南”，往得众也。“其来复吉”，乃得中也。“有攸往，夙吉”，往有功也。天地解而雷雨作，雷雨作而百果草木皆甲坼。解之时大矣哉！

【译文】

《彖传》说：解卦，因险而动，动而免于险，二者互动而成解卦。解卦"利西南"，往则得拥护。"其来复吉"，乃是得其中位之故。"有攸往，夙吉"，往则有其功。天地阻塞得以消除而雷雨交感贯通、兴起而作，使得百果草木无不发芽生长。解卦因时致用具有多么重大的意义啊！

《象》曰：雷雨作，解。君子以赦过宥罪。刚柔之际，义无咎也。九二"贞吉"，得中道也。"负且乘"，亦可丑也。自我至戎，又谁咎也？"解而拇"，未当位也。"君子有解"，小人退也。"公用射隼"，以解悖也。

【译文】

《象传》说：解卦，雷雨兴起。君子观此象以断刑狱之严宽，应赦免和宽恕犯下罪过之人。

［初六］刚柔交接互通，无咎。

［九二］九二"贞吉"，是得其中道之故。

［六三］"负且乘"，此举愚蠢可笑。暴露其财，招致被抢的结果，岂能怨天尤人呢？

［九四］"解而拇"，其位不当。

［六五］"君子有解"，小人则会畏缩退却。

［上六］"公用射隼"，以使叛乱得以解除。

损卦(䷨)

山泽损（兑下艮上）

损：有孚，元吉，无咎，可贞，利有攸往。曷之用？二簋可用享。

初九：已事遄往，无咎，酌损之。

九二：利贞，征凶，弗损，益之。

六三：三人行则损一人，一人行则得其友。

六四：损其疾，使遄有喜，无咎。

六五：或益之十朋之龟，弗克违，元吉。

上九：弗损，益之，无咎，贞吉，利有攸往。得臣无家。

【译文】

损卦兑下艮上，艮为山，兑则为山下之泽。泽越深，则艮越高。由此也可看出损己益人之意。以卦变之律，此卦内卦可看作乾，外卦可看作坤，乾的第三爻进而到坤的第三爻，坤的第三爻退而至乾的第三爻，如此乾坤交错，正是损下而益上造成的，由此形成损卦。损卦是损下益上，益卦是损上益下。损上损下都是以损有余而补不足为准则，损阳刚而补阴柔。

损卦：心怀诚信，一开始是无祸而吉祥的，可以守其正道，宜于前往。祭祀需要用什么？两簋粗饭便可行祭祀。

应知对于损卦，虽然有正当的缘由或者不得已而为之，总是破财而又劳心之时。但是损卦告诉人的道理是，开始时吃点亏或不能称心如意，并无大碍，将来还是有希望可以发展亨通的。因此该减损的时候应毫不吝惜，方是正道。行事时起初总是投入多，收获少，但同样也不用气馁，情况往后会慢慢好转。再辅以再接再厉、坚忍不拔的勇气和毅力，再三再四地干下去，定会成功。

初九：宜速去参加应办完的事，不生灾祸，宜应时而减省。

本卦初爻是初九爻，也是损之意最重的一爻。损卦是由下而上损益，程度则渐趋于轻微。如今从丰厚的下面取一部分增益他人，他人自然希望越快越好。初九行事风驰电掣，初九阳爻阳位，故损己无灾祸，但要不断行动方可减损。因为急于认清上之匮乏。故要斟酌时机，必要时可以停止工作，该损则损。

九二：利于守其正道，行动则凶险，要增益而不应减损。

九二阳爻处下卦中央，性虽刚毅，但中庸不妄进，故守其正是非常有利的；若急于向外扩展，则易于发生凶险。若能帮助到对方，而又不必减损自己，反而会使对方增益。

六三：三人尽管不同心而同行，至少有一人离开队伍；但若一人独行，反而会得到志趣相投的朋友为伴。

此卦的宗旨在于以损充实的阳刚来弥补不足的阴柔。不过过多而又显杂乱的三阳爻不知取舍何爻是恰当的。然而只有一爻目的达到。从三阳爻来看，三人同行而中少一人，还不如只去一人则足以补其不足，又不至于引起混乱和猜疑。即阴阳和合不求数目多少，而在于是否求到最适合的。

六四：尽快做能够减轻疾病的事，则有庆吉，没有灾祸。

在内卦中的三爻，有损己以益人的品质，至于外卦的三爻，只是接受增益以补不足。初九会助益于其相应的六四，其行事与初九一样务求迅速，但它身处其位而力有不逮，以致行动不如人意。如果能尽快获得下对上的补足，也就没有过错了。

六五：不好推辞掉别人送来的价值足有十朋的宝龟，大吉。

六五爻阴柔而中虚，有柔弱谦卑之德，且处君位，天下百姓在损下益上之时面对这样的君主会甘愿减损自己，以增益君主。亦即柔顺谦卑中正之人，会得到百姓的拥戴，故吉。

上九：不受其损而反而受益，没有灾祸。占问吉利，所往有利，君主得贤臣辅佐，而不顾一己家事。

上九爻处最上位，若强行使下受损，则是如同掠夺一般的不当之举。同时它为阳爻，以象充实，并不须下受损而增益自己，相反，应以自己富裕的部分，使下面的人受益才是正道。如此，占问则吉，前进可得贤臣辅佐，大有裨益，一心为国而不顾家事。

《彖》曰：损，损下益上，其道上行。损而“有孚，元吉，无咎，可贞，利有攸往。曷之用？二簋可用享”。二簋应有时，损刚益柔有时，损益盈虚，与时偕行。

【译文】

《彖传》说：损卦，损减下而增益上，方向是自下而上的。损减而“有孚，元吉，无咎，可贞，利有攸往。曷之用？二簋可用享”。以两簋粗饭设祭意即当应时而行事，损刚益柔，损益盈虚，都应以时间为中心而转移。

《象》曰：山下有泽，损。君子以惩忿窒欲。“已事遄往”，尚合志也。九二“利贞”，中以为志也。一人行，三则疑也。“损其疾”，亦可喜也。六五“元吉”，自上祐也。“弗损，益之”，大得志也。

【译文】

《象传》说：损卦，山下有泽。君子观此象，使愤怒平息，使贪欲得到节制。

[初九]“已事遄往”，二者志趣相投。

[九二]九二“利贞”，可以守正。

[六三]一人行可以，三人行则生嫌隙猜疑。

[六四]“损其疾”，是可喜之事。

[六五]六五“元吉”，可以得到上天的庇佑。

[上九]“弗损，益之”，志得意满。

益卦(䷩)

风雷益(震下巽上)

益：利有攸往，利涉大川。

初九：利用为大作，元吉，无咎。

六二：或益之十朋之龟，弗克违，永贞吉。王用享于帝，吉。

六三：益之用凶事，无咎。有孚中行，告公用圭。

六四：中行告公，从。利用为依迁国。

九五：有孚惠心，勿问元吉。有孚惠我德。

上九：莫益之，或击之，立心勿恒，凶。

【译文】

益卦震下巽上，震为雷，巽为风。雷与风互益，风助雷威，雷激风烈，故曰益卦。《序卦传》曰：“损而不已必益，故受之以益。”故损发展至一定程度会转变为益，所以益卦紧接在损卦之后。益卦不同于损卦，是损上益下，下为上之基础，损下则伤及基本，二者利害相关。故益下而本愈固，本固则枝叶繁荣。损上以益下，是下益上亦益，上下皆益，故名之曰益。损下益上，实际上是下损上亦损，上下皆损，故名之曰损。

益卦：所往有利，利于涉渡大河。

此卦显示与其在本卦得到其丰裕，不如由其卦变而来的结果构成此卦更有优势。现在运势正好，辅之以长辈提拔，会有意外收获。表面上虽然充实，但内部却有欠丰裕。此外，已经到了喜庆吉利的顶点。如何维持这种盛况，也是值得思考的至关重要的问题。

初九：有利于达成大的作为，大吉，没有灾祸。

此卦的最下位为初九爻，本无作为，但正处于上损下益之时，初九受到在上者的施与而获得增益，因此可以担重责行大事，能够获吉。并可以解除下位的困乏之咎。这也恰好是益的目的。

六二：不好推辞掉别人送来的价值足有十朋的宝龟，永远守其正道，吉。君主以此祭祀天帝，吉利。

六二爻应于九五，但由于其性柔顺、虚心、中正，故任何人都会对它施以援手，然而此爻柔爻柔位，力量不足而过于柔弱，所以又需永远守其正道，方为大吉。由上益下以解除民间疾苦而治天下，努力固然重要，但同时也应根据时势、利用时机。王将以此祭祀天帝，以感谢其为增益提供便利。

六三：用增益于凶事之上，则无灾祸。心怀诚信，坚守中道，执玉圭以报告王公。

下卦震的最上位是六三爻，震为动，故其有自动前往的能力，去向六四请求施以援手。对君子而言，乞求于人可耻，但用增益于凶事之上，则并不使人蒙羞，可使统治免于灾祸。但一旦向他人求援，方式过程都不可背离中庸之法，诚信无欺。说明求助时怀有诚心，则并不背离原则。

六四：行而持中，以告王公，得以见从。相互依赖而将邦国迁移。

六四爻正身处损上而益下的事情之中。天地否卦的外卦乾有三阳爻，此是以其中的一爻来补益初爻。乾为君，坤为邦，但是而今有了变化，向外移动，故有“迁国”之象。因为兹事体大，所以此爻越是居于君侧，越不可独断专行、武断行事。要时常诤谏，如建议能够为君王采纳，凭借君王之德，方能成其志愿。

九五：有诚而施惠之心，一开始就吉利，不必占问。我也受到下施惠于我的诚信，定能有所收获。

九五处君位，阳爻阳位，得中得正，所以是主益卦的一爻。又应于下卦六二，构成阴阳相应，心怀诚信且有力担当，时刻关心民众安危。以恩惠仁慈之心，救百姓于水火。因此民众也必定以自己的诚信来回应他的美德。

上九：并未得到增益，但还受到他人攻击，心无恒常而贪得无厌，凶险非常。

上九爻阳刚，已至益卦之极，贪得无厌，只知索取不知奉献，以致无人理睬，甚至会遭遇群起而攻之的局面。只看重利益的多少，意志也不坚定，这样的情况一定凶险非常。

《彖》曰：益，损上益下，民说无疆。自上下下，其道大光。“利有攸往”，中正有庆。“利涉大川”，木道乃行。益动而巽，日进无疆。天施地生，其益无方。凡益之道，与时偕行。

【译文】

《彖传》说：益卦，统治者应损己而利民，从而使百姓无限喜悦。上主动谦卑而就下，则前途能光明远大。“利有攸往”，是二爻五爻得中得位而得吉。“利涉大川”，木船航行的水路可以通行。益卦（震）动而（巽）顺，日日升进，前途远大。天地化育万物，其增益广大无限。益之理正在于应以时损益。

《象》曰：风雷，益。君子以见善则迁，有过则改。“元吉，无咎”，下不厚事也。“或益之”，自外来也。“益用凶事”，固有之也。“告公，从”，以益志也。“有孚惠心”，勿问之矣。“惠我德”，大得志也。“莫益之”，偏辞也。“或击之”，自外来也。

【译文】

《象传》说：益卦，风雷相助。君子观此象，应修身不怠，习人之善，改正己过，完善道德。

［初九］“元吉，无咎”，不劳民伤财。

［六二］“或益之”，来自外。

［六三］“益用凶事”，原本就有。

［六四］“告公，从”，其勤王的心志方得以增益。

［九五］“有孚惠心”，就不要产生疑问了。“惠我德”，正是踌躇满志之时。

［上九］“莫益之”，是一面之词。“或击之”，指意想不到的攻击。

夬卦（䷪）

泽天夬（乾下兑上）

夬：扬于王庭，孚号有厉。告自邑，不利即戎，利有攸往。

初九：壮于前趾，往不胜，为咎。

九二：惕号：“莫夜有戎。”勿恤。

九三：壮于頄，有凶。君子夬夬独行，遇雨若濡，有愠，无咎。

九四：臀无肤，其行次且。牵羊悔亡，闻言不信。

九五：苋陆夬夬。中行无咎。

上六：无号，终有凶。

【译文】

夬卦乾下兑上，下有五阳爻，上有一阴爻，多阳升进，进而决去那一个阴爻，以喻君子道长、小人式微之时。益卦之后紧接着夬卦，正是由于益极必决，而后能止。夬有果决之义。

夬卦：在王者之庭举事，以实发布号令，宣告现下的危险。对自己封邑的人告诫说，不宜立刻动用武力，所往有利。

从卦义而言，本卦是阳刚以决去阴柔之象。但并不能以此认为盛大的阳气助长君子之道而造成繁荣景象，倒是应反方向观之，即是某种强大力量将其所毁灭的情形。可知过于强大的势力会遭遇失败。比之于实际生活中，参与各项活动有时不自量力，承受了过于重大的任务，或者急功近利而发生严重过失。

初九：前趾受伤仍继续前进，如此难以取胜，必遭灾祸。

初九是下卦乾的一部分，因而刚健壮大，又志得意满地前行；但其实处于最下位，心有余而力不逮，难以胜任消灭小人的重任。故若事先没有做好周全的方案与准备，必定会失败。

九二：恐惧地呼号："晚上敌人来袭。"无须忧虑。

九二爻是前进意味极其强烈的一爻，但它处阴位而得中，能日夜保持警惕，有呼号晚上敌人来袭的警觉之心，则不会失败了。

九三：面颧骨受伤，遭遇凶险。君子能果断地单独行动，遇雨而被淋湿，故闷闷不乐，最终可以免于灾祸。

九三爻性阳刚，又处于三个连续阳爻的最高位置，有过度刚强之嫌。决断之决心就像脸上颧骨的伤口一般明显，因此小人会攻击他，给他带来凶险。又此卦唯一的阴爻上六与之相应，构成阴阳相应之象，虽决心消除小人，其他刚爻却怀疑他的用心是想要与小人妥协。阴阳相谐而成雨，故九三爻就像在独自行动遭遇大雨而为雨所淋一般闷闷不乐。但要相信九三是有决心的君子，最终会决断小人，从而免于灾祸。

九四：臀部受到伤害，行动不便，故行路艰难而行之不远。九四牵羊前行而不生悔恨之事，不信从所听到的忠告。

九四阳爻居阴位，不中不正，有心中疑惑，寝食难安之象。如同臀部受伤一般，以致行动不便而行之不远。牵羊而走在前面的人，速度必然缓慢，唯有紧随其他阳爻，才不生后悔之事。可惜在决断小人之时，冲突极其容易发生，就算听到许多忠告，也不会听信服从。

九五：路上的山羊决然前行而无止息，中行则必无过错和妨害。

九五处上卦中央的君位，故阳爻阳位，得中得正，其性刚毅中正，有将上六小人决断之心，行动上又不偏颇而失中庸之道，故不会有过失和伤害。

上六：无须号啕，结果必然凶险非常。

上六阴爻以喻需要被决断的小人，故其在遭人穷追猛打之时，哪怕大声号啕，也无人理睬，不可能逃出凶险的境地。

《彖》曰：夬，决也，刚决柔也。健而说，决而和。"扬于王庭"，柔乘五刚也。"孚号有厉"，其危乃光也。"告自邑，不利即戎"，所尚乃穷也。"利有攸往"，刚长乃终也。

【译文】

《彖传》说：夬卦，决之意，即以阳刚决然而去阴柔。刚健而面有悦色，果敢而态度和蔼。"扬于王庭"，则指阳刚居于阴柔之下，"孚号有厉"，要使阳刚之德得以发扬光大，唯有以谦和之礼相待，才不致决裂。"告自邑，不利即戎"，但不许动用武力。因为动用武力只会使局面更为混乱而陷于穷困的境地。"利有攸往"，由于阳刚之力存在时间长，使得小人不得不遁去。

《象》曰：泽上于天，夬。君子以施禄及下，居德则忌。"不胜"而"往"，咎也。"有戎，勿恤"，得中道也。"君子夬夬"，终无咎也。"其行次且"，位不当也。"闻言不信"，聪不明也。"中行，无咎"，中未光也。"无号之凶"，终不可长也。

【译文】

《象传》说：夬卦，泽升进至天上。君子观此象，既要对天下万民施恩，处于有德之位又要慎戒自满。

[初九]"不胜"而偏"往"，必惹祸上身。

[九二]"有戎，勿恤"，由于在下位卦中，可得中道。

[九三]"君子夬夬"，最后一定会无咎。

[九四]"其行次且"，其位不当之故。"闻言不信"，是由于其听觉有问题。

［九五］“中行，无咎”，位得中正而未能光大其道。

［上六］“无号之凶”，终不能久。

姤卦(䷫)

天风姤(巽下乾上)

姤：女壮，勿用取女。

初六：系于金柅，贞吉。有攸往，见凶，羸豕孚蹢躅。

九二：包有鱼，无咎，不利宾。

九三：臀无肤，其行次且。厉，无大咎。

九四：包无鱼，起凶。

九五：以杞包瓜，含章，有陨自天。

上九：姤其角，吝，无咎。

【译文】

姤卦巽下乾上，一方面此乃风行天下、遍及万物之象，接触而有遇合之义；另一方面从各爻看，为此卦最下的一阴升进而与阳刚不期而遇，也正是遇之义。正如《序卦传》所言：“夬者，决也。决必有遇，故受之以姤。姤者，遇也。”姤即是不期而遇之意。

姤卦：不要娶健壮的女子为妻。

此卦大多用于不吉之意。因为阴邪小人入侵，故内卦乾缺一爻。此时可能会发生破财之事，务必多加防范，远小人而不为他人所哄骗。现下不可行事过于积极冲动，只宜固守使其不败。日常小事做起来通达无阻，但对于大事则不顺。

初六：系在车子起制动作用的部件上，唯有守其正道，方得吉祥，前往则凶。急不可耐的母猪不停息地来回走动。

阳下开始发生的阴爻正是初六爻，所以只要阻止它，就无法形成小人之势。因此像系在车子起制动作用的部件上一样，制止小人方能守其正道而得到吉祥。若一味姑息，容许小人为所欲为，君子就会有危险。

但是小人不会甘心于此，所以像母猪一般焦急不安，来回走动，急于卷土重来。所以君子必须时刻提防，应在小人势力形成之前严厉制止其行为，戒备小人的卷土重来。

九二：厨房里有鱼，可以免于灾祸，不宜以此招待宾客。

在此卦中，相遇比相应更为重要。所以初六应于九四，但更与九二相遇。九二阳包裹控制住了试图前进的初六阴，初六因此不能行动，如同厨房里的鱼一般。此法使小人造成的祸患难以遍及，哪怕遭遇小人，也不会有大的灾难。但若不及时制止，使宾客（其他阳爻）接触到小人，就难免被花言巧语哄骗而坠入圈套了。

九三：臀部受伤，行动不便而行之不远。虽有危险，但灾祸不大。

在夬卦九四爻辞中，也有和九三爻的爻辞一样的句子。九三刚爻刚位，刚强过度而失中庸之道，以致追求异性固执己见。但初六已与九二相遇；上又不应于上九。故九三进退维谷，徘徊不前。但是，虽然确实有孤立无援的危险，但不会发生大的灾祸。

九四：厨房里没有鱼，则会发生凶险。

九四爻本应于初六，但九二阻止初六前往应九四。以鱼喻初六之阴，故厨房无鱼就象征九四，这正是其远离民众的后果。此时偏要行动，则必有凶险。

九五：以宽大的杞叶包裹住瓜。含蕴章美，贤才如陨石一般纷纷从天而降。

九五爻处中位，又是一卦之主体，得中得正，故性情刚健中正，充满正义感与力量，所以完全不用担心下有少数几个小人，因为他能完全将小人包容而收住。九五含蕴章美，礼贤下士，终得贤才纷至沓来而呼应，贤才如陨石般纷纷从天而降。

上九：遇其犄角，有悔恨吝惜之事，但无灾祸。

上九爻居于一卦之终，故行为偏激而不合中道。所以它难以像九二那样包容他人；也不像九三会踌躇、犹豫，细加思量。本身性情刚健，能伸而不能屈，故遇无可遇。上九与初六，不应不比，所以也无强烈之心和执着之心。因此，虽有悔恨吝惜之事，还是没有大的灾祸的。

《彖》曰：姤，遇也，柔遇刚也。"勿用取女"，不可与长也。天地相遇，品物咸章也。刚遇中正，天下大行也。姤之时义大矣哉！

【译文】

《彖传》说：姤卦，相遇之意，阴柔与阳刚相遇。"勿用取女"，因为二者难以长久和平共处。天地二者相遇能化育万物，熠熠盛大之象。九五以阳刚处尊位，得中得正，故能遍行天下。姤卦为时所用具有多么重大的意义啊！

《象》曰：天下有风，姤。后以施命诰四方。"系于金柅"，柔道牵也。"包有鱼"，义不及宾也。"其行次且"，行未牵也。"无鱼之凶"，远民也。九五"含章"，中正也。"有陨自天"，志不舍命也。"姤其角"，上穷吝也。

【译文】

《象传》说：姤卦，风行天下。为君者观此象，当使四方周知政令，让政令如风一般，百姓无一不知。

［初六］"系于金柅"，牵制其柔之道。

［九二］"包有鱼"，从义理看，不宜连累他人。

［九三］"其行次且"，牵制初六的志愿无法实现。

［九四］"无鱼之凶"，是远民之政。

［九五］九五"含章"，是由于其位得正得中，"有陨自天"，有坚定的阳刚之志，却不轻易违背命令。

［上九］"姤其角"，位于最上位，因极其穷困而导致悔吝。

萃卦(䷬)

泽地萃（坤下兑上）

萃：亨，王假有庙。利见大人，亨，利贞。用大牲吉，利有攸往。

初六：有孚不终，乃乱乃萃，若号，一握为笑，勿恤，往无咎。

六二：引吉，无咎，孚乃利用禴。

六三：萃如嗟如，无攸利，往无咎，小吝。

九四：大吉，无咎。

九五：萃有位，无咎。匪孚，元永贞，悔亡。

上六：赍咨涕洟，无咎。

【译文】

萃卦坤下兑上，坤为地为顺，兑为泽为悦。泽于地上，是水向凹处汇聚。地上万物受水滋润，聚而生生不息，亦是相聚之意。《序卦传》说："姤者遇也。物相遇而后聚，故受之以萃。萃者聚也。"故物物相遇必以群分，汇聚成群即是萃聚，所以萃卦紧接于姤卦之后。

萃卦：亨通，君王到宗庙举行祭祀典礼，利于此时见到怀德之人，亨通无阻，宜于守其正道。祭祀时动用大的牺牲则得吉庆，所往有利。

萃卦是聚集之意，既然物物聚合，同时其利益也聚集为公共利益，行善事也能够集结多人，故自然有兴旺发达之势。所有事情都亨通无阻，而且都能见到进展。本卦又指示，在商业谈判等场合，获得利益的同时又能有一定钱款储蓄。但此时不可只求物欲的满足，而仍应以诚意、和善的态度交往他人，且仍须谨言慎行。

初六：心诚而不能有始有终，志气散乱而妄自而聚。如果哭号不止，一屋子的人都会耻笑他。无须忧心忡忡，前往不会遭遇灾祸。

初六应于九四，构成阴阳相应，但中间有两个阴爻阻挡初六与九四的会聚。所以，纵然初六极有诚意，与九四也难有好的结果。如果哭号求助于他人，又会引人耻笑，但九四能理解此举，自然会伸出援助之手，所以不用过于忧心忡忡，前往不会发生灾祸。

六二：相互牵引而得吉利，可以免于灾祸，以诚心行春祭有利于获得吉庆。

六二应于九五，构成阴阳相应，要相聚却距离甚远，二阴又将其包围，唯有获得九五的牵引，二者才能聚而获利，免于灾祸。且六二阴爻处于中位,阴位得正,君位的九五与之相应又阳爻阳位,刚健中正,就如同行春祭,只要心诚,程序从简也无妨,神灵自然会赐福。

六三:聚而嗟叹,无利。前往不会遭遇灾祸,但可能会有小的悔恨之事。

六三爻其位不中不正,象征阴柔小人。其于上也无应援,不得不与邻近者将就一聚。但上有六二应于九五,下有九四应于初六,孤独无依,无人相聚、无利可图,唯有叹息流涕。六三的唯一出路,是与上六会聚,二者虽然不应,但勉强能见容,故前往不会遭遇灾祸。不过不得不说,由于不得已的情况而与极端无位的阴爻相结合,多多少少会生悔恨之事。

九四:极为吉利,没有灾祸。

九四阳爻处阴位,其位不正,但与上面刚健中正的九五相聚,下又亲于众阴爻,故竟然得以无往不利。不过值得警惕的是,九四对下情极为熟悉,又是处在便于收揽民心之位,若它居心不良,甚至会危害社会,颠覆政权。因此,唯有没有私心的君子方能主此爻。唯有如此,才能免于灾祸。

九五:聚而又能各守其位,可以免于灾祸。不为人所信任,一开始就应坚持正道,不会再发生悔恨之事。

九五爻处君位,性刚毅中正,用自己的德行使天下聚集且臣服于其统治之下,高度的统治自然不会发生灾祸。但若仍不为民所信任,那么,自己应守其正道,悔事自然就会消失殆尽。

上六:叹息悲伤以至于涕泗横流、泪涕齐下,可以免于灾祸。

萃卦之终为上六,性柔弱又地位低下,试图与人聚合,但无人追随汇聚,故悲伤叹息以至涕泗横流。说明群众遗弃远离时,应自我反省,不可做无用的怨天尤人。

《彖》曰:萃,聚也。顺以说,刚中而应,故聚也。“王假有庙”,致孝享也。“利见大人,亨”,聚以正也。“用大牲吉,利有攸往”,顺天命也。观其所聚,而天地万物之情可见矣。

【译文】

《彖传》说：萃卦，是聚集之意。坤顺兑悦，位居中而性阳刚，而六二又应于九五，故称相聚。"王假有庙"，将表达对祖先孝心的祭品送到宗庙。"利见大人，亨"，相聚以正道为准则。"用大牲吉，利有攸往"，以顺天意。察天地万物所聚类，便可明其共性相通。

《象》曰：泽上于地，萃。君子以除戎器，戒不虞。"乃乱乃萃"，其志乱也。"引吉，无咎"，中未变也。"往无咎"，上巽也。"大吉，无咎"，位不当也。"萃有位"，志未光也。"赍咨涕洟"，未安上也。

【译文】

《象传》说：萃卦，泽水在地之上。君子观此象，将兵器修整好，以防兵戎相见之不测。

[初六]"乃乱乃萃"，扰乱其心志。

[六二]"引吉，无咎"，由于其中正诚信之德未改。

[六三]"往无咎"，巽顺会将其接受的。

[九四]"大吉，无咎"，其位不当。

[九五]"萃有位"，天下之志得以汇聚然未能光大。

[上六]"赍咨涕演"，孤立无援的情势下难以安居上位。

升卦(䷭)

地风升(巽下坤上)

升：元亨。用见大人，勿恤。南征吉。

初六：允升，大吉。

九二：孚乃利用禴，无咎。

九三：升虚邑。

六四：王用亨于岐山，吉，无咎。

六五：贞吉，升阶。

上六：冥升，利于不息之贞。

【译文】

升卦巽下坤上，巽为木，坤为地，木扎根于地下，必然向上生长，有升进之象。升有前进、上升之意。萃卦如同一位君主，可以集民心，承祖业。升卦紧随其后，如同鞠躬尽瘁，以襄大业的贤臣。正如《序卦传》所说："萃者聚也。聚而上者谓之升，故受之以升。"事物积聚，必然增高而后上升，所以升卦紧随萃卦之后。

升卦：从开始就亨通无阻。宜于与大德者相见，无须忧心。向南行军征伐可以获得吉利。

此卦卦辞指示，此时正是职位升进或薪金提高的好时机。然而此番好运不可能一蹴而就，故不可躁进，而应脚踏实地。而过去遭到埋没的德行，现在终于见到光明受人承认。所以，凡是此时打算公布新的计划或着手新的事业等，前途都是光明的。趁着这样的时势可以获得提拔，也以此而感到诸事顺心。此卦说明只要不懈努力，愿望一定能够达成。

初六：信服跟从而升进，大吉。

初六是下卦巽的主爻，位于最下位，又阴爻柔顺。巽顺在升进之时，因过于柔顺，力有不逮，难以靠自己的力量升进，唯有跟从在上的两个阳爻，这样行动能获大吉。

九二：以诚心行春祭有利于获得吉庆，可以免于灾祸。

萃卦的六二爻爻辞与此九二爻爻辞相同。此爻之中，刚中的九二应于柔中的六五，如此有近于人神相互交感的情形。对诚信敬神，就算春祭程序简单，也能获得神灵的庇佑，而不会发生灾祸。

九三：登上空无一人的城邑。

九三刚爻，升进心切，向前进又登上空无一人的城邑。此时不应多疑，而要放心大胆地前进。

六四：王在岐山举行祭祀典礼，吉，不会发生灾祸。

六四爻柔中得正，有顺利升进之象，就如同君王在岐山举行祭祀典礼，心诚则灵，万事均可功成，故吉，不会发生灾祸。

六五：能守其正道则吉，登阶而能升进。

六五阴爻处阳位，本来其位不当，但应于九二，构成阴阳相应，算是得到有力之人的帮助，方登君位。但唯有坚守正道，才能在其本身体质柔弱的时候，还能得吉。登阶梯而升进，以喻顺利登上王位。

上六：升进时昏冥幽暗，唯有坚守正道，才能得吉。

和初六、九三一样，上六爻也将升进而出仕。然而，此爻为此卦之终极，又阴柔无力，拥有至极的地位和荣耀。故告诫必须控制和节制，不可再妄图上进。

《彖》曰：柔以时升，“巽而顺”。刚中而应，是以大亨。“用见大人，勿恤”，有庆也。“南征吉”，志行也。

【译文】

《彖传》说：柔能依时以升进，升卦巽下坤上，坤而顺，故曰“巽而顺”。九二居中，性阳刚，上与六五相应，故曰大亨。“用见大人，勿恤”，是有吉庆。“南征吉”，实现其愿望。

《象》曰：地中生木，升。君子以顺德，积小以高大。“允升，大吉”，上合志也。九二之孚，有喜也。“升虚邑”，无所疑也。“王用亨于岐山”，顺事也。“贞吉，升阶”，大得志也。冥升在上，消不富也。

【译文】

《象传》说：升卦，乃木根植于地下。君子观此象，当顺应自然规律和事物生长的特性，并将柔顺之德积累起来，由小积累而至于广大。

[初六]“允升，大吉”，与上卦的三阴爻志同道合，以时而共同升进。

[九二]九二的孚，故大有吉庆。

[九三]“升虚邑”，一往无前而无顾虑。

[六四]“王用亨于岐山”，行事方可亨通无阻。

［六五］“贞吉，升阶”，大遂其欲升进之愿。

［上六］冥升在上，只可能不断消减而难以更加富有。

困卦（䷮）

泽水困（坎下兑上）

困：亨，贞，大人吉，无咎。有言不信。

初六：臀困于株木，入于幽谷，三岁不觌。

九二：困于酒食，朱绂方来，利用亨祀，征凶，无咎。

六三：困于石，据于蒺藜，入于其宫，不见其妻，凶。

九四：来徐徐，困于金车，吝，有终。

九五：劓刖，困于赤绂，乃徐有说，利用祭祀。

上六：困于葛藟，于臲卼；曰动悔，有悔，征吉。

【译文】

困卦坎下兑上，坎为水，兑为泽。一般水于泽上则是泽中有水之象，如今水于泽下，是泽中水源匮乏之象。泽中应有水而实无，正是困乏窘迫之境。又坎阳在兑阴之下，九四、九五二阳在上六阴爻之下，九二为初六、六三二阴所陷，均是阳刚为阴柔所蒙蔽之象，比之于人事则是君子为小人所蒙蔽以至于穷困的情况。《序卦传》说：“升而不已，必困。故受之以困。”升是用力由下往上升，如果升进不息，必气力耗尽而至于困，所以困卦紧接于升卦之后，有疲惫、窘迫、困乏之意。

困卦：亨通无阻。若占问大人，则吉，不生灾祸。仅凭花言巧语人们是不会相信的。

此卦显示，人们总觉得自己在困难之中，总有不如人意之事，行事总难顺利、事与愿违。但是过于急躁又有什么好处？虽然焦躁不安的心理总会驱使人失去理智、轻举妄动，但是已经于事无补。此外试图改变原来的计划并非易事，只好以伺时机、静心观察。通常来说若轮到上爻有变，方可能亨通无阻。

初六：困坐于树干之上，进入幽深的山谷之中，三年都不能和他人见面。

初六爻处下卦坎险的最下位，以喻穷困至极的阴柔小人。因此将这种情形比喻为困坐于树干之上，难以长久忍受这种不舒服的姿势。也如同进入幽深的山谷之中，三年也不能脱离此窘迫之境。说明身处穷困之时，必须聪慧而隐忍，不可浮躁而轻进。

九二：为美酒美食所困扰，是有大人将至，祭祀有利。行军出征则有凶险，但最终可以转危为安。

九二爻性情刚毅中庸，有高贵的品格和地位，但可惜其位不正，难免遭遇穷困之境。不过，因有大人将至，而正受酒食过于丰盛的困扰，事实上美酒美食宜于祭祀，平时享用过于奢侈，若出征，必然凶险万分，故告诫人们应谨遵本分，才能免于灾祸。

六三：身困于乱石之中，身下蒺藜成片，入其宫室却见不到妻子，非常凶险。

六三爻阴柔，其位不中不正，以喻小人，不安其位，蠢蠢欲动，如同身困于乱石(指九四、九五，九二)之中。不得已入于宫室，又寻不见其妻。终无安身之处，故凶险非常。

九四：来则缓缓而行，却为金黄色的车所阻拦。虽有一定困难但最终能得善果。

九四爻应于初六爻，在幽深山谷中的初六，应为九四所援救；但九四其位不正，力有不逮，九二的金属车又在其中妨碍救援，以至于援救不能顺利进行。虽然中间会遭遇困难，但邪难压正，最终九二的阻碍能够消除，并完成目标。

九五：因其身穿赤绂，才造成割鼻断足的窘境。而后渐渐地竟然发现了逃脱的时机，举行祭祀有利。

阳爻的九五为上六、六三的阴爻所包围，如同鼻子为上六所割，脚为六三所砍。为君子的阳被小人折磨，如此困窘，皆是其穿着赤绂之故。然而九五性情刚毅中正，随着时间流逝最终会找到机会逃脱。九五不能于九二相应，因为同为阳爻，但好在二者都有祭祀时应有的虔诚之心，如此可以得吉。

上六：为葛藤缠绕所困，摇摆不安；行动与灾祸相伴相随，若有悔改之心，依照命令出征才会获得吉利。

上六爻以喻穷困到极点阴柔的小人，就像为葛藟缠绕所困，挣脱不得其法而摇摆不安。此时贸然行动会遭遇灾祸，但若有悔改之心，前进还是能够得到吉利的。

《彖》曰：困，刚掩也。险以说，困而不失其所，亨，其唯君子乎？“贞，大人吉”，以刚中也。“有言不信”，尚口乃穷也。

【译文】

《彖传》说：困卦，是阳刚被掩盖之意。身居险（坎）而可以悦（兑），处穷困之境而不失其操守，故能亨通无阻，唯有君子才能做到这样啊！“贞，大人吉”，是阳刚居中之故。“有言不信”，巧舌如簧、不务实际，最终会至于穷困之境。

《象》曰：泽无水，困。君子以致命遂志。“入于幽谷”，幽不明也。“困于酒食”，中有庆也。“据于蒺藜”，乘刚也。“入于其宫，不见其妻”，不祥也。“来徐徐”，志在下也。虽不当位，有与也。“劓刖”，志未得也。“乃徐有说”，以中直也。“利用祭祀”，受福也。“困于葛藟”，未当也。“动悔，有悔”，吉行也。

【译文】

《象传》说：困卦，泽中无水。君子观此象，当在处于危困之际，能够临危授命，忍辱负重，使得自己的志向得以实现。

［初六］“入于幽谷”，晦暗不清。

［九二］“困于酒食”，居中道而行方有福庆。

［六三］“据于蒺藜”，随处困弱之际但下附于刚健暴烈的九二。“入于其宫，不见其妻”，则是不祥之兆。

［九四］“来徐徐”，志唯有自下而求初六。虽然其位不当，但正应必然会有结果。

［九五］“劓刖”，未能实现其志。“乃徐有说”，坚守刚健中正之道。“利用祭祀”，神灵自然会庇佑他。

［上六］“困于葛藟”，处境艰难，并不得当。“动悔，有悔”，利于出行。

井卦(䷯)

水风井(巽下坎上)

井：改邑不改井，无丧无得。往来井井，汔至，亦未繘井，羸其瓶，凶。

初六：井泥不食，旧井无禽。

九二：井谷射鲋，瓮敝漏。

九三：井渫不食，为我心恻。可用汲，王明，并受其福。

六四：井甃，无咎。

九五：井洌，寒泉食。

上六：井收勿幕，有孚元吉。

【译文】

井卦巽下坎上，坎为水，巽为木，且巽有入之义。巽木向下而坎水向上，正是临井汲水之象。困卦之后紧接着井卦，正是因为困卦是泽水干涸而面临窘困之境，而井卦与之正相反，是因有水而喜悦之意。井，井养之意。

井卦：村邑搬迁但井不会被迁移，故无所失亦无所得。人们络绎不绝从井中取水，汲至井上的水还没能离开绳索，就打破了汲水用的瓶子，此是凶兆。

此卦正是做任何事都是费心劳力而无法安定之时。由于井卦是要入坎中汲取饮用之水，有劳苦之意。从行事进退来看，则仍须守其旧业较为有利。若着手新办事业，恐怕会中途遇挫。因此要以格外的毅力和耐心去不懈奋斗，比较有成功的可能。若一味躁进则多半失败。

初六：井底的水因有淤泥而不可饮用，荒废已久的井禽鸟也不会降落此处。

初六爻恰好喻井底，井底的水因有淤泥而不堪饮用。且其位不当，好比是荒废已久的旧井，无人理会，禽鸟也不降落至此饮水。

九二：井已经崩坏向外渍水而成为水坑，因此只能生养小鱼，实在难以射箭捕到大鱼；（因无处汲水）而致水瓶陈旧破漏。

九二虽然性情刚毅中庸，但不应于上卦九五，没有援引则如成为水坑的坏井，里面已经有了小鱼而难以射捕。因长期没有水，所以汲水瓶也慢慢破旧而无法使用，白白浪费了这里的水。

九三：已修整好的井，却仍不能饮用，使我非常悲伤。可以汲水而用，贤明的君主，使苍生广被福泽。

九三阳爻居阳位，其位得正，是井中有水，但可惜不能饮用。但这本是可用之水，所以如同怀才不遇，而贤明的君主，正应任用并提拔这些有才之人，使苍生都能广被福祉。

六四：将井壁用砖砌好，可以不生灾祸。

六四阴爻处阴位，其位得正，但其力弱性柔，却要凭一己之力修理好井壁保护水井，使水质不受污染，得以免于灾祸。宜应进修不辍，充实自我的道德修养，如此则定有出头之日。

九五：井水清澈甘洌，清凉的泉水可以尽情饮用。

九五爻性情刚毅中正，表明清澈甘洌的井水源源不断。亦指具备刚毅中正之德的人，能将恩惠普遍施与众人。

上六：将井水取出后，不必加封加盖。心怀诚信，必然大吉。

上六为阴爻，本卦中它指的是汲取井水的器具而非井水本身。本爻又处一卦之终，以喻水井之盖。同时，就其何时派上用场而言，又正是汲水完毕之时。其性又需可靠，供水能够源源不断，给人以便利。即当人处于最高位时，正应诚心诚意地为百姓服务，自始至终不懈怠，方能得大吉。

《象》曰：巽乎水而上水，井。井养而不穷也。“改邑不改井”，乃以刚中也。“汔至，亦未繘井”，未有功也。“羸其瓶”，是从凶也。

【译文】

《彖传》说：井卦，乃取象于木桶向下入于水中把水汲取上来。井水养育人的功德无量。“改邑不改井”，是指阳刚之爻居中位而不改。“汔至，亦未繘井”，即是徒劳无功。“羸其瓶”，此乃凶兆。

《象》曰：木上有水，井。君子以劳民劝相。“井泥不食”，下也。“旧井无禽”，时舍也。“井谷射鲋”，无与也。“井渫不食”，行恻也；求“王明”，受福也。“井甃，无咎”，修井也。“寒泉之食”，中正也。“元吉”在上，大成也。

【译文】

《象传》说：井卦，乃木桶向上汲取井水。君子观此象，应慰劳民众并劝告他们互相扶持。

［初六］“井泥不食”，井之最下必多有阴浊污秽。“旧井无禽”，荒废多时，为时所弃。

［九二］“井谷射鲋”，并无相与应和者。

［九三］“井渫不食”，行人纷纷扼腕叹息；希冀“王明”，而能与民共享贤明的福祉。

［六四］“井甃，无咎”，把井修缮完成。

［九五］“寒泉之食”，中正之故。

［上六］“元吉”居上，乃功成之象。

革卦(䷰)

泽火革（离下兑上）

革：巳日乃孚。元亨，利贞，悔亡。

初九：巩用黄牛之革。

六二：巳日乃革之，征吉，无咎。

九三：征凶，贞厉。革言三就，有孚。

九四：悔亡。有孚改命，吉。

九五：大人虎变，未占有孚。

上六：君子豹变，小人革面，征凶。居贞吉。

【译文】

革卦，离下兑上，离为火，兑为泽，泽下有火，相灭相患的火水二物如今却放在一起，水可以使火熄灭，火可以使水干涸，乃相互变革之象，故卦名曰革。革卦是水上火下，水性正向下，火性正向上，二者互动而正相克，又相互变革。革有变革、改革之义。

革卦：必须要在巳日施行变革，人们方信从，一开始即亨通无阻，守正有利，不再生悔恨之事。

此卦显示，内部常常发生摩擦和纠纷，是不稳定的现象。正因如此，所以面临改革迫在眉睫之时。在局面动荡的时候，要进行改革是有难度的事情。但由于势在必行所以应当断则断。同时，克服阻碍，除旧迎新，为改革成功做准备。凡事先难后易，不可操之过急，一味躁进失败是必然后果。如果用惊人的耐心和毅力来克服重重困难，终将亨通无阻。

初九：用黄牛皮捆扎得很牢固。

初九阳爻居阳位，其位得正，但处卦的最下位，又上无应爻，说明燃烧伊始，火力尚弱而光明不显。故难以积极地有所作为，如同被黄牛皮革严严实实地捆扎起来了一般。因此对于变革的态度必须非常谨慎。

六二：必须要在巳日施行变革，利于行军出征，无灾。

六二爻是改革的主爻，又是内卦离的中爻；性情柔顺中正，九五又施以援手，形势有利可以施行改革，其成果也是蔚为大观的。

九三：行军出征有凶象，占问不利。对于一些主张变革的言论，要在协商多次并达成一致后，才可以信从。

九三阳爻居阳位，刚强过度，又处下卦最上位，是操之过急之象，此时冒进则是危机四伏。不过，这个时机又必须抓住，尽快行动，所以应当意见经过再三审议而达成一致，大家众志成城而无二心之时，便可获得巨大成功。

九四：不再生悔恨之事。先怀诚心而后可以革命，吉。

九四阳爻居阴位，其位不正，故生悔意。但至于外卦，已到了不得不更新变革目标之时，也到了可以着手改革的时候，但是行动仍要心怀诚心，方得大吉。

九五：伟人施行变革，其势猛如虎，无须占问，自有诚信。

九五爻恰好是主卦的主爻，故乃改革成功之时。此爻处君位，有阳刚中正之德，以喻伟大之人。领导变革的伟人，改革之势像老虎一般迅猛，不过，改革能够成功的先决条件是，占卜之前已怀诚信于天下，得到百姓和民众的广泛信赖与支持。

上六：君子施行变革，如豹一般灵活可控；小人不得不洗心革面做出对改革表示支持的姿态，行军出征有凶兆。安居不动必吉。

上六爻处此卦之终，此卦更因此爻而成就其业。君子改革的手段、方法灵活有度，典章制度都将是变革的对象。至于小人，唯有见风使舵，服从于君子变革之势。但变革完成以后，再试图前进，则会有过度之虞，凶险非常。此时安居不动的话，方得大吉。

《彖》曰：革，水火相息，二女同居，其志不相得，曰革。“巳日乃孚”，革而信之。文明以说，大亨以正，革而当，其悔乃亡。天地革而四时成，汤武革命，顺乎天而应乎人，革之时大矣哉！

【译文】

《彖传》说：革卦，水火互革而生变，二女同居一室，而志向相异，名曰革。“巳日乃孚”，以时变革，得到民众的信任和支持。变革应光明正大，方让百姓心悦诚服；变革顺利畅通，是措施得当之故；变革时机有利，则不再发生悔恨之事。天地变革而四季也会随之变化，商汤、周武王依天命、顺人心，革去黑暗腐朽的旧朝。革卦应时而用具有多么重大的意义啊！

《象》曰：泽中有火，革。君子以治历明时。“巩用黄牛”，不可以有为也。"巳日革之",行有嘉也。"革言三就",又何之矣。"改命之吉",信志也。"大人虎变",其文炳也。"君子豹变",其文蔚也。"小人革面",顺以从君也。

【译文】

《象传》说:革卦,是泽下的火焰熊熊燃烧。君子观此象,可以通过整治历法明确时序,使人民知晓朝代的变迁。

[初九]"巩用黄牛",无所作为。

[六二]"巳日革之",此时行动则吉。

[九三]"革言三就",变革行动迫在眉睫。

[九四]"改命之吉",对其志向表示信任。

[九五]"大人虎变",正因其美德如虎皮般耀眼光亮。

[上六]"君子豹变",因其美德如豹皮的斑纹熠熠生辉。"小人革面",乃甘愿从其君主之故。

鼎卦(䷱)

火风鼎(巽下离上)

鼎:元吉,亨。

初六:鼎颠趾,利出否。得妾以其子,无咎。

九二:鼎有实,我仇有疾,不我能即,吉。

九三:鼎耳革,其行塞。雉膏不食,方雨亏悔,终吉。

九四:鼎折足,覆公餗,其形渥,凶。

六五:鼎黄耳,金铉,利贞。

上九:鼎玉铉,大吉,无不利。

【译文】

鼎卦巽下离上,将木投入火中,乃燃烧之义,假器以燃烧则是烹饪之法,有烹饪之义,故曰鼎。《序卦传》说:"革物者莫若鼎,故受之以鼎。"革、鼎两卦的意义相承相续，虽一样是改革，但重点不同，革主要是去其故，鼎则是取其新。所以《杂卦传》才说："革，去故也；鼎，取新也。"二卦互为表里，也具有互为综卦的关系。

鼎卦：大吉大利，亨通无阻。

鼎卦取象于烹饪之道，所以此卦乃处理事物以使其投人胃口或合人意愿之意。另一方面，也是利人利己，行为既使人愉悦，又使自己得利。自私自利必然导致失败，唯有为百姓谋福利，才会获得成功。不必强行改变事物的基础，只要革新其内容即可。

初六：将鼎脚朝上，颠覆过来，有利于倒出其中的污秽之物。将得妾获子，不生灾祸。

鼎卦的最下位是初六爻，正好相当于鼎足，应于九四，而导致足朝上翻倒过来，不过有利于倒出鼎中残留的污秽之物。如同讨妾必然会造成家庭不和，引起纠纷本非好事，但妾生子嗣后则又是另当别论。

九二：鼎已满载，我正在生病的妻子到不了我这里，吉。

九二阴爻处中位，正是鼎中装满食物，充实快要溢出的时候，妻子指阴爻处阳位而不正的六五，故称有疾。不能至，但处中仍吉。

九三：鼎耳受损而掉落，使得鼎不易被移动。吃不到肥美的野雉肉，不过恰好落雨，悔恨之气也就渐消了，最终会获得吉利。

九三爻阳爻充实，可以看作是鼎的腹部，但刚爻居刚位，又离中位，刚强过度，不应于相当于鼎耳的六五，所以如同鼎无耳，不便于移动，喻人才无用武之地。上卦离以野雉作比，虽不得美味，但得正的九三能为六五君王肝脑涂地，终有抱负得以施展的时候。九三与六五阴阳相合，故成雨而熄灭位于上卦的离火，预料将有悔恨之事，但最终得吉。

九四：折断了鼎足的鼎把呈给王公的粥洒了一地，濡湿了一片，乃凶兆。

九四爻应于初六爻，但初六以喻阴柔小人，所以九四交给初六一些重要的工作，肯定会失败。就像折足之鼎，美食翻覆，洒了一地，濡湿一片。说明应知人善任，小人不堪担其任。

六五：有黄色鼎耳和金属杠的鼎，利于守正。

六五阴爻处中位，中虚之象，应于九二。受铉举鼎，乃鼎耳之象。上九处鼎外，贯耳举鼎，乃铉之象。黄耳正是中色之黄，中色之耳恰喻中虚之耳。而耳不虚中，铉则难贯。又以金铉喻为阳爻的上九。宜于不懈而守其正。

上九：鼎有镶玉所做的抬杠，大吉大利。

鼎卦的最上方是上九爻，此爻以阳爻居阴位，刚而温润，正似于刚柔动静适宜的玉铉。鼎卦上九正处功成致用之位，善处为上。故吉利。

《彖》曰：鼎，象也。以木巽火，亨饪也。圣人亨以享上帝，而大亨以养圣贤。巽而耳目聪明，柔进而上行，得中而应乎刚，是以元亨。

【译文】

《彖传》说：鼎卦的卦象正相似于鼎这一物象。将木投入火中，以喻对食物进行烹饪。圣人烹煮食物以祭祀上帝，大人烹煮事物以养贤人。巽性谦逊，而又耳聪目明遍观四方，阴柔升进得居中位，又应于阳刚相，故曰元亨。

《象》曰：木上有火，鼎。君子以正位凝命。"鼎颠趾"，未悖也。"利出否"，以从贵也。"鼎有实"，慎所之也。"我仇有疾"，终无尤也。"鼎耳革"，失其义也。"覆公𫗧"，信如何也。"鼎黄耳"，中以为实也。玉铉在上，刚柔节也。

【译文】

《象传》说：鼎卦，乃木上生火。君子观此象，当居其正位，并沉稳地宣告命令。

［初六］"鼎颠趾"，没有背离大道。"利出否"，母从子贵之故。

［九二］"鼎有实"，秘密前往需谨慎。"我仇有疾"，无所怨尤。

［九三］"鼎耳革"，则缺失了原有的用处。

［九四］"覆公𫗧，对于无能之辈过于信任，怎么能取得成功？

[六五]“鼎黄耳”,行于中正之道,而使其充实。

[上九]在上爻的玉铉,正有刚柔适宜之性。

震卦(䷲)

震为雷(震下震上)

震:亨。震来虩虩,笑言哑哑;震惊百里,不丧匕鬯。

初九:震来虩虩,后笑言哑哑,吉。

六二:震来厉,亿丧贝;跻于九陵,勿逐,七日得。

六三:震苏苏,震行,无眚。

九四:震遂泥。

六五:震往来厉,亿无丧,有事。

上六:震索索,视矍矍,征凶。震不于其躬,于其邻,无咎。婚媾有言。

【译文】

震卦震下震上,一阳生而位于二阴之下,动而后进,乃震动之象。震有二义,一为动而使人惊惧之义,二为有雷奋进之象。震为长男,为主器,故震卦紧接于鼎卦之后。

震卦:亨通无阻。雷霆之动,其威势令人恐惧,有人却能镇定自若、言笑晏晏。雷霆震慑百里,而镇定自若的祭神者却连匙里的鬯酒都没有洒落一滴。

震有奋动之义,即奋发而成大事,慎戒妄动和躁进。此外除拥有一定的事业外,不应再涉猎其他事务而分心。处事需沉着冷静、脚踏实地,急于求成则容易失败。若能常常自省,守其本分当不至于失败。同时,震卦也会不止一次地遭遇惊恐的情绪,但不至于受到重大的灾难。

初九:雷霆之动,其威势令人恐惧。雷动之后,则有人镇定自若、言笑晏晏,吉。

下卦的主爻为初九,亦是震卦之始,可以比之于雷霆初至,使人恐惧惊吓,但后可得福,故吉。

六二:雷震至则生险,其资财将要散尽;攀登于九陵高山之上,不要四处寻找(失去的钱财),七天后自然失而复得。

在初九阳刚的正上方是阴柔的六二爻。初九乃震雷之主体,故六二在雷霆袭来之时首当其冲,尤为危险,以致有破财之虞,而不得不登高陵以避难。但是六二柔爻处柔位,又能处中,是柔顺得中之象;故不必刻意寻求失物,时机到了自然会失而复得。

六三:雷声震动,让人不得不惧雷前行,最终能免于灾祸。

六三阴爻居阳位,又离于中位,故不中不正,其位不当,故雷霆之声会使其惊惧不已。但若能凭借恐惧之心改过自新,一心从善,则不会有灾祸降临。

九四:雷电霹雳坠入泥中。

九四阳刚,但其位不中不正,又为上下两个阴爻所挟持着,故实力有限,如同受霹雳之震而误入泥潭,深陷其中、不可自拔。

六五:雷电一直在闪,凶险非常,但想必应无损失,当行事如旧。

六五阴爻居阳位,其位不正,欲上进又是震雷的极点,故又进无可进,下行又是为主体的刚爻,过度刚强而有危险。然而六五处尊位,又上卦得中,虽有损失,但不足以影响全局,可以照常行事。

上六:被雷震吓得颤巍巍而不敢前行,电光刺眼使人难以直视。行军出征定会遭遇凶险。雷声震慑四方,所幸没有殃及自身,幸免于难。婚姻之事必有闲言闲语相随。

处于此卦之极的上六阴爻,气势渐衰而微弱,目标含混又不明确。此时实在不宜一味冒进。不过,由于已有一定戒备之心,纵然危机将近,也有应付之法,故可以免于灾祸。但婚姻方面难以顺利和睦,必多生枝节和困扰。

《彖》曰:震,亨。“震来虩虩”,恐致福也。“笑言哑哑”,后有则也。“震惊百里”,惊远而惧迩也。“不丧匕鬯”,出可以守宗庙社稷,以为祭主也。

【译文】

《彖传》说:震卦,亨。“震来虩虩”,戒慎恐惧而不冒进,反而能得吉庆。“笑言哑哑”,使后来的行动能遵守一定的法则。“震惊百里”,雷霆震动能震惊四野,而邻近者更当因惊惧而慎行。“不丧匕鬯”,乃主持祭祀者镇定自若,足以守护宗庙与国家的威严。

《象》曰:洊雷,震。君子以恐惧修省。“震来虩虩”,恐致福也。“笑言哑哑”,后有则也。“震来厉”,乘刚也。“震苏苏”,位不当也。“震遂泥”,未光也。“震往来厉”,危行也。其事在中,大无丧也。“震索索”,中未得也。虽“凶”“无咎”,畏邻戒也。

【译文】

《象传》说:震卦,二雷相重。君子观此象,当戒慎恐惧以修其身,时时反省以察己过,而无懈怠之时。

[初九]“震来虩虩”,戒慎恐惧,不可恣意妄为,反得吉庆。“笑言哑哑”,使后来的行动能遵守一定的法则。

[六二]“震来厉”,阳刚为阴柔所凌驾其上。

[六三]“震苏苏”,其位不当。

[九四]“震遂泥”,难以光大发扬。

[六五]“震往来厉”,行动恐有危厉,行事需守其中道,方能免于大丧。

[上六]“震索索”,中道不行。虽凶而无咎,故受雷霆之震后四邻能存戒慎恐惧之心。

艮卦(☶)

艮为山(艮下艮上)

艮:艮其背,不获其身。行其庭,不见其人。无咎。

初六:艮其趾,无咎,利永贞。

六二:艮其腓,不拯其随,其心不快。

九三：艮其限，列其夤，厉薰心。

六四：艮其身，无咎。

六五：艮其辅，言有序，悔亡。

上九：敦艮，吉。

【译文】

艮卦艮下艮上，艮卦二阴居一阳之下，阴性本就偏静，二阴居下更是不动而静。阳性则偏动，但是已至最上，动而无处可动。下静为止，故曰艮。艮之止与同样为止的畜卦大有不同，艮止是自己安于止之静，畜止是外力制止其停止不动。事物动静相因，相辅相成，动而后止，止而后动。正是因为震为动，艮为止，所以艮卦紧接于震卦之后，是符合二者相因的规律的。而卦名为艮而不为止，正是因为艮在止义之外还有山之象，有稳重坚实之义。

艮卦：若不能移动背部，那么整个身体就无法动弹。行走在庭院之中，却空无一人，没有过错和妨害。

卦辞指示此时与其行事不如暂停为宜。若一味冒进，必然有害无利，破财而败身，也难以找到志同道合的合作之人，尽管知道进则必有所成，但仍有不得已的苦衷阻止其前进。与其向外发展或主动工作，不如先让内部得以巩固为要。艮止的意义与屯卦、蹇卦的难行之象不同，艮之止毕竟是在向良好的方向转变，虽然有一定的苦恼使得事业暂停，但至少不至于变坏，所以不懈努力终会成功。

初六：脚趾无法动弹，没有灾祸，恒守其正有利。

在最下位的初六爻正类似脚趾，而如今脚趾不能动弹，但是在行动开展之前就已经受止而停，故没有失当，不会有灾祸。但初六阴爻毕竟柔弱，正道难以坚守不移，故告诫说唯有恒守正道方得利。

六二：若不能移动小腿肚子，那么脚也无法随其而动，心里很不自在。

六二处下卦居中位，正可以小腿肚为喻。阴为止，即腿肚难以动弹，在下的初六恰为趾，也同样不能动。六二不为初六施以援手，反而比于九三，故初六不能跟随它。故曰止其腓，趾不拯也。小腿肚躁动而不得不处于止,进不能拯其随,退又不安于止,故心中不自在。

九三:不能移动其腰,背部肌肉如同四分五裂一般疼痛,身处危厉之中而又心急如焚。

九三正处上下卦之间,正可以腰部相比,其刚爻刚位,又不处中,有过度刚强而偏激暴烈之象,使得腰部停滞,不能屈伸。九三横在四阴爻中,取象于背部的肌肉,为左右上下而分裂,同样难以屈伸。也就是说九三周围的人,都做不到和睦共处,故在众叛亲离的危厉境地中心急如焚。

六四:止其身而不动,可以免于灾祸。

六四爻阴爻居阴位,其位得正,是止于该止之处。能够有节制而不妄动,如此则无过错。虽无大功,也可无过,得以免于灾祸了。说明应知其时机,约束和制约其身,适可而止。

六五:止其面颊而不动,言语极富条理。不再发生悔恨之事。

六五爻位于卦上方,可以面颊来比之,面颊不动则无法开口言语。此爻爻位不正,只不过阴爻柔顺,又合于中道。所以说明了艮止不只是止口之所入,更是止口之所出,即对出口成灾有清醒的认识,能加以控制和节制,表达之时条理清晰。知道这个道理,才能够避免做出令自己悔恨的事。

上九:敦厚而后知止,吉。

艮卦的主爻正是上九爻,艮山之上又是艮山,于此终止一切,而极少有人能在艮止之境中有始有终地坚持不懈,而只有上九爻,竟能够坚持温柔敦厚谨言慎行,因此说明越到最后,坚持就越为重要,也最为吉祥。

《彖》曰:艮,止也。时止则止,时行则行,动静不失其时,其道光明。艮其止,止其所也。上下敌应,不相与也。是以"不获其身,行其庭,不见其人,无咎"也。

【译文】

《彖传》说：艮卦，止之意。该止便止，当行便行，动静适宜，才会有光明的前途。艮其止，即指止其所止，静其所静。艮卦上下两卦相互敌对而难以相应。故曰“不获其身，行其庭，不见其人，无咎”。

《象》曰：兼山，艮。君子以思不出其位。“艮其趾”，未失正也。“不拯其随”，未退听也。“艮其限”，危“薰心”也。“艮其身”，止诸躬也。“艮其辅”，以中正也。“敦艮之吉”，以厚终也。

【译文】

《象传》说：艮卦，上下两卦兼而为山。君子观此象，应在考虑问题时，守其本分，在其位谋其政，而不可越界干预他人之事。

［初六］“艮其趾”，而不至于忽略正事。

［六二］“不拯其随”，没有虚心听从下位提出的意见。

［九三］“艮其限”，“薰心”是最大的危险。

［六四］“艮其身”，心静自静，免受外界干扰。

［六五］“艮其辅”，居中之故。

［上九］“敦艮之吉”，其归宿即是敦厚。

渐卦(䷴)

风山渐（艮下巽上）

渐：女归吉，利贞。

初六：鸿渐于干。小子厉，有言，无咎。

六二：鸿渐于磐，饮食衎衎，吉。

九三：鸿渐于陆。夫征不复，妇孕不育，凶。利御寇。

六四：鸿渐于木，或得其桷，无咎。

九五：鸿渐于陵。妇三岁不孕，终莫之胜，吉。

上九：鸿渐于陆，其羽可用为仪，吉。

【译文】

渐卦艮下巽上，木长于山上，故木因山高而愈高，树木之高并非一日而成，而是循序渐进长成大树的，故称之为渐。《序卦传》说："艮者止也。物不可以终止，故受之以渐，渐者，进也。"渐则是进，有止而后必有进，这是事物发展的屈伸之理，故渐卦紧接于艮卦之后。渐是渐进或缓进，而非一般的升进，其中亦有次第之别。故渐即不越次第而缓慢进行。

渐卦：指女子嫁人。占问吉利。

渐卦指示，在否塞难通的境况下成年累月付出的辛劳，现在正面临迈出第一步即将打破困境之时。但急于求成定会失败，所以要克制浮躁之心，按部就班为宜，凡事戒骄戒躁而不可轻率行事。

初六：鸿雁渐渐飞至河岸。新婚的丈夫脾气暴躁，偶用言语伤人，不过没有大的灾祸。

初六爻是此卦之始，表现的是鸿雁渐渐飞至河岸而深感不安的情形。以此喻新婚的丈夫，其位不正又不稳固，故脾气暴躁。在上又无应爻给予援手和指导，所以难以上升，于是唯有靠中伤他人化解烦恼。但所幸由于经验不多，危殆也是为情势所迫不得已而为之，所以还是没有大的灾祸。

六二：鸿雁渐渐降落于大石之上，可于此处得和乐之饮食，吉。

六二爻渐渐进于大石之上，石有平坦坚固之性，是最安稳的落脚栖息之地，又六二性柔顺中正，应于九五，构成阴阳相应，所以可在石上和乐地饮食小憩。六二为臣位，九五乃君位，故六二能获得九五赐给的俸禄，可以将和乐之饮食同他人分享，故吉。

九三：鸿雁渐渐飞至高地，丈夫应征入伍，去服兵役，而未归家，妻子有孕而不易生育，是大凶之兆。但对抵御外敌入侵有利。

九三处于下卦最上方，说明鸿雁渐渐飞至高地之上。九三不应于上九，唯有亲于并不情投意合的六四阴爻。九三即丈夫，正由于不情投意合，正如行军出征一去不返；六四则是妻子，由于婚姻并不和睦，当孕却未生，是凶险不顺的情况。但刚强的九三，对抵御外敌入侵有利。

六四：鸿雁渐渐飞入山林，在枝上栖息，不生灾祸。

六四爻已渐进入林木之中。此处对于鸿雁来说也并非所能安居之地。不过由于阴爻居阴位，与渐卦循序渐进之道相合，故不生躁进之危。

九五：鸿雁渐渐飞于高山之上，结婚多年的女子一直未能生育，她最终也没有被这个难事所打败，吉。

九五爻，鸿雁渐渐飞上高山，是以阳爻居阳位，所以与渐卦循序渐进之道不合。观之于爻象，则六二(是妇之位)为九五之应爻，而二者互体为火水未济恰可以不孕比之。幸好九五处尊位，得正得中，形势虽然不合时宜但也能与中正的六二形成刚柔相济之势，从而得吉。虽然因有障碍而造成不孕的情况，但不会长久，很快会被克服。

上九：鸿雁渐渐飞入高山之顶，它的羽毛能用来做装饰品，吉利。

本卦的最上位正是上九，以喻鸿雁高翔于高山之巅时仍然排列有序，比之于人，则指君子居高位而又享荣华，但毫无自傲的神色，仍守其本分、按部就班，从不逾越。这才是世所楷模，故能得吉。

《彖》曰：渐之进也。女归吉也。进得位，往有功也。进以正，可以正邦也。其位刚得中也。止而巽，动不穷也。

【译文】

《彖传》说：渐卦，循序渐进之意。女归吉，进则得其正位指六二、六四，往则有功。九三、九五都能得其正位，

九五为君位得正，可以正其家国。九五得正得中，性又阳刚。谦卑沉稳，不躁进，按部就班，方不至于陷入穷困之境。

《象》曰：山上有木，渐。君子以居贤德善俗。“小子之厉”，义无咎也。“饮食衎衎”，不素饱也。“夫征不复”，离群丑也。“妇孕不育”，失其道也。“利用御寇”，顺相保也。“或得其桷”，顺以巽也。“终莫之胜，吉”，得所愿也。“其羽可用为仪，吉”，不可乱也。

【译文】

《象传》说：渐卦，山上生木。君子观此象，应渐渐积累贤能之德，教化一地之风俗。

［初六］“小子”虽“厉”，但并无咎。

［六二］“饮食衎衎”，并非吃白饭的。

［九三］“夫征不复”，离开众类是羞恶之事；“妇孕不育”，悖于正道。“利用御寇”，欲相互保护唯有行和顺之道。

［六四］“或得其桷”，唯有顺其自然，依时而动。

［九五］“终莫之胜，吉”，其志愿终于得以实现。

［上九］“其羽可用为仪，吉”，不可乱其志之故。

归妹卦（䷵）

雷泽归妹（兑下震上）

归妹：征凶，无攸利。

初九：归妹以娣，跛能履。征吉。

九二：眇能视，利幽人之贞。

六三：归妹以须，反归以娣。

九四：归妹愆期，迟归有时。

六五：帝乙归妹，其君之袂不如其娣之袂良。月几望，吉。

上六：女承筐无实，士刲羊无血。无攸利。

【译文】

归妹卦兑下震上，兑为泽为悦，为少女，震为雷为动，为长男。泽随雷震而动，乃相从之象；少女从于长男，则是女出嫁之意，故该卦名曰归妹。卦义取自于“妹”字，妹为少女，少女不待嫁即嫁人，这其中没有一个循序渐进的过程。《序卦传》说：“渐者进也。进必有所归，故受之以归妹。”渐有渐进之义；进则有至，故近于归义。所以归妹卦紧接于渐卦之后。归妹恰是渐的反对卦，在取象取义上二者都大有不同。渐卦取象于“归”

字上。归妹卦则取义于“妹”字,所以它的意义正与渐卦相反。

归妹卦:行军出征凶险非常,无吉利之事。

卦辞指示不能再隐匿一些情色问题或假公济私的情况,纸包不住火,已到了要揭露真相的时候。遇到本卦往往是在占断不正常的男女关系之时。归妹卦是长男震配少女兑,相配已不正,说明异性之间会发生有悖正道的交往。归妹是由泰卦而成否卦的第一步,故有衰颓之兆。告诫人们只求一时欢愉必招致过失和错误。故宜固守而不图进取,以维持稳定为要。

初九:少女出嫁之时作为妹妹应陪嫁,虽然脚跛但尚能走路。行军出征则吉。

归妹卦的最下方是初九,所以地位最低,又与上卦缺少正当的相应,故以随姐姐出嫁的妹妹比之,并非正妻。但是初九阳爻居阳位,又是女人贞节的表现,故吉。

九二:犹如一只眼瞎了,尚且能看但模糊不清,守妇人之道有利。

九二爻其位得中,性又阳刚,女子应保持贞节和中庸的德行,又应于六五,以喻相当的配偶。但六五是阴柔小人,阴爻居阳位,其位不正。所以固然娶如此贤妻,也无内助之用,如同只有一眼,勉强能看但模糊不清。不过尚且可以做到洁身自好,也算是吉利的。

六三:一同出嫁的姐妹,作为陪嫁的妹妹却被休弃。

六三爻是象征此卦的主要人物,即不守贞洁的女子,此爻阴柔,其位不中不正,如同一同出嫁的姐妹,因妹妹德行有失贞节,只求一时的欢愉,而被休回娘家。

九四:推迟了女子的嫁期,是有所等待之故。

九四爻于下卦寻不见应爻,故无配偶成亲。但九四性情阳刚,并非随意出嫁之人,以致婚期延误而不能嫁。直到可以成亲的对象出现,方心甘情愿地嫁人。

六五:帝乙嫁女。文王夫人的嫁衣(袖)不如她妹妹的美丽。遇满月而出嫁,大吉。

六五阴爻居君位,故以天子之女比之,应于九二,以喻下嫁于臣子。

六五爻，既阴柔，其位又得中，能坚守身为妻子的柔顺德行，不仅仅凭借美色来获得丈夫的心。虽然下嫁于臣，却不自视甚高。故吉。

上六：少女捧着空无果品的筐子；年轻男子斩杀羊，却无血涌出，不祥之兆。

上六本性阴柔而没有坚定不移的操守，又至于此卦之极，在下卦无所相应，寻不见合适的配偶。虽已订婚而不当成婚，就算勉强缔结婚姻，亦有名无实，分离在即。礼成以后，祭祀祖先之时已经显现不祥之兆，故天地不变万物将颓之时，自然难以为家，自然不吉。

《彖》曰：归妹，天地之大义也。天地不交，而万物不兴。归妹，人之终始也。说以动，所归妹也。"征凶"，位不当也。"无攸利"，柔乘刚也。

【译文】

《彖传》说：归妹卦，是合乎天地大义的。万物兴作要靠天地阴阳二气相交媾。婚媾同理，亦是人类得以繁衍发展的起源。少女因悦乐而嫁人，长男因动心而娶妻，故曰"所归妹"。"征凶"，因二、三、四、五爻皆其位不当。"无攸利"，阳刚九二、九四分别为阴柔六三、六五所凌驾。

《象》曰：泽上有雷，归妹。君子以永终知敝。"归妹以娣"，以恒也。"跛能履，吉"，相承也。"利幽人之贞"，未变常也。"归妹以须"，未当也。"愆期"之志，有待而行也。"帝乙归妹，不如其娣之袂良"也，其位在中，以贵行也。上六"无实"，"承"虚"筐"也。

【译文】

《象传》说：归妹卦，雷居泽上之象。君子观此象，能够知其弊坏之理而可防患于未然，方可持之以恒。

［初九］"归妹以娣"，是合乎常规的。"跛能履，吉"，是由于有人施以援手。

[九二]"利幽人之贞",仍保有常道。

[六三]"归妹以须",其位不当。

[九四]"愆期"的目的,是等到合适的人后再嫁。

[六五]"帝乙归妹,不如其娣之袂良",但由于德行中正,还是以尊贵的身份出嫁。

[上六]上六"无实",以所"承"之"筐"空空喻之。

丰卦(䷶)

雷火丰(离下震上)

丰:亨,王假之。勿忧,宜日中。

初九:遇其配主,虽旬无咎,往有尚。

六二:丰其蔀,日中见斗。往得疑疾,有孚发若,吉。

九三:丰其沛,日中见沫,折其右肱,无咎。

九四:丰其蔀,日中见斗,遇其夷主,吉。

六五:来章,有庆誉,吉。

上六:丰其屋,蔀其家,窥其户,阒其无人,三岁不觌,凶。

【译文】

丰卦离下震上,震为动,动而能亨,离为明,明而可照。能亨能照方至于丰大。《序卦传》说:"得其所归者必大。故受之以丰。丰者大也。"不过"得其所归者必大"这一说法有其不合理处。

丰卦:祭祀由王亲自赶来进行。无须忧虑,在中午进行才是适宜的。

由该卦可知,丰硕盛大之景不长,衰退之兆已显。虽然表面看来还是兼离之华美与震之奋动于一身,活力四射。然而,内部却极其隐秘又有互卦大过的纷扰与忧惧。震雷离电均有暴烈之势,因而意外凶险等危机则在所难免,亟须加强防备。需要在有限时间内赶工而成的事情,都能如愿,但耗时过长之事,暂时难以达成。

初九:同与其相配的主人相遇,唯有十天是可以免于灾祸的,奖赏只给前往的人。

初九与九四二者均为阳爻,九四为初九的匹配,故初九称九四为配主;相对而言,九四则称初九为夷主。二者虽无相应之态,但同心同德,互相帮助,以守丰而免于灾祸。由于初九爻在本卦之始,其丰盛正兴尚未衰退,故想要前进还要受其配主之敬遇,才能论及二者之间的相互合作。

六二:过于丰大的蔀遮天蔽日,中午也还像能见到星星一般的黑暗。唯有心怀诚信方能去病消灾,吉。

下卦离的主爻是六二,由于离为明,故六二最为光明熠熠。上卦震以象草,有离日照耀故草得以生长,但其蔓延生长得丰大过度,以致遮天蔽日,中午也还像能见到星星一般的黑暗。若前往则会如同得了奇怪的疾病一样受到他人的猜疑和挖苦,但能以诚信予以回报,可以转危为安。

九三:遮天蔽日的大幡幔,而日中之时出门却见到小星星。右臂折断了,则可免于灾祸。

下卦离之终正是九三爻,说明太阳西斜,已过正午;又应于昏暗的上六,恰如巨大的幡幔遮天蔽日,在正午也能看到小星星一般。不过阳刚的九三,虽明智,但如同右臂折断,力有不逮。所幸九三爻处阳位,其位得正,应没有大的灾祸。

九四:由于丰大过度而至于遮天蔽日,同与其同德同心的初九相遇,齐心协力则吉。

九四爻和初九爻二者都是阳爻,难以相应。所以才有了"丰其蔀,日中见斗"昏暗的情况。不过六二、九三的阳光并非为外面所遮盖,而是缘于震草自身。若能有此自觉,而主动合作,则得吉。

六五:屈尊而求贤,就会获得吉庆及美誉,吉。

六五居君位,而阴爻柔弱,所以是昏庸之主,本身不吉,但其应于六二,若可屈尊而招贤,使六二这一贤士相助,自会获得吉庆和美誉,得吉。

上六:有大的屋子,但家却为蔀所遮蔽。从门缝往内窥视,没有听到声音,也看不见有人的迹象,之后多年都不曾有人影,不祥之兆。

上六在丰卦之极，又是上卦动之终，故为不安定的阴柔小人；下卦光明，而不能至，故仍于黑暗之中。如同房屋巨大，里面黑暗不明、杂草丛生，窥视一下，从门缝窥视看不到人影，之后多年也不曾有人出现。

《彖》曰：丰，大也。明以动，故丰。“王假之”，尚大也。“勿忧，宜日中”，宜照天下也。日中则昃，月盈则食，天地盈虚，与时消息。而况于人乎？况于鬼神乎？

【译文】

《彖传》说：丰卦，即大。（离）明而（震）动，故称之为丰卦。“王假之”，尚盛大之景。“勿忧，宜日中”，像正午普照天下的太阳为宜。太阳一过中天则要西偏，月一旦圆满则会渐渐亏缺；天地盈虚变化都是随着时间的变化而变化。更何况人和鬼神呢？

《象》曰：雷电皆至，丰。君子以折狱致刑。“虽旬无咎”，过旬灾也。“有孚，发若”，信以发志也。“丰其沛”，不可大事也。“折其右肱”，终不可用也。“丰其蔀”，位不当也。“日中见斗”，幽不明也。“遇其夷主”，吉行也。六五之吉，有庆也。“丰其屋”，天际翔也。“窥其户，阒其无人”，自藏也。

【译文】

《象传》说：丰卦，即雷鸣电闪，声势浩大。君子观此象，当断狱用刑，平正果决。

［初九］“虽旬无咎”，十天之后则会遇到灾祸。

［六二］“有孚，发若”，可以怀诚信而守中道，则可开阔光明之心胸。

［九三］“丰其沛”，行大事则不成。“折其右肱”，不可再用。

［九四］“丰其蔀”，其位不当。“日中见斗”，大地晦暗不清。“遇其夷主”，此行大吉。

［六五］六五之吉，乃有喜事。

［上六］“丰其屋”，如同在天空中翱翔的鸟。“窥其户，阒其无人”，自藏其身。

旅卦(䷷)

火山旅(艮下离上)

旅：小亨。旅贞吉。

初六：旅琐琐，斯其所取灾。

六二：旅即次，怀其资，得童仆贞。

九三：旅焚其次，丧其童仆，贞厉。

九四：旅于处，得其资斧，我心不快。

六五：射雉，一矢亡；终以誉命。

上九：鸟焚其巢，旅人先笑后号咷。丧牛于易。凶。

【译文】

旅卦艮下离上，火烧于山上，故失其居，又离在外，有附丽于外之象，故曰旅。《序卦传》说：“丰者，大也。穷大者必失其居，故受之以旅。”丰乃盛大之义，正是由于丰而至于极，必将失其居，而成旅卦所指羁旅之人。所以旅卦紧接于丰卦之后。

旅卦：小有亨通。行旅唯有循其正道，方得吉。

此卦指示，行旅途中不见亲人，又多觉困乏而难得安稳，行役之苦颇不如人意。正是盛运至极而转衰之时。由于卦辞“小亨”故重大之事不宜行动。同时应远离物欲与诱惑，免受其困扰。本卦还说明，持家则正是劳心劳力之时，心愿都难以实现，所以不如趁早不做此打算，方为明智的选择。

初六：在行旅途中卑怯而猥琐，这种姿态一定会招致灾祸。

在最下位的初六阴柔，以喻猥琐小人，而在艰苦的行旅途中，尤为吝啬猥琐，故招致灾难。

六二：住进旅馆的旅人，身怀钱财，而能有忠心耿耿的童仆相随。

六二阴爻，其位中正，性又柔顺，在爻辞上可以反映出旅行中最重要的三个要素，就是旅馆、旅费与童仆。这些事行旅的基本条件。

九三：所居住的旅馆被烧毁，忠心耿耿的童仆也被人抢走，占问危厉。

九三刚爻居刚位，刚强过度，做不到长久的安定；又是下卦最高的一爻，自矜自傲，遭遇不幸是可想而知的。

九四：在行旅时的住所得到钱财和斧头，可我心中仍闷闷不乐。

九四阳爻居阴位，是刚柔并济之象，又在上卦的最下面，有谦卑之态，所以旅行途中，可以得到安眠之处，使自己的钱财和斧头得以保全。但其位不正，六五阴爻又不能施以强有力的援助，虽应于初六，但其力有不逮，所以心中还是闷闷不乐。

六五：猎野鸡时只有一箭没有射中，最终获得荣誉和爵命。

离卦的主爻是六五阴爻，其位得中，性柔顺而中庸，好比射猎野鸡时，只有一箭没有射中目标，而最终获得荣誉和爵命。古时的风俗是，刚任命的官吏会将山鸡作为礼物呈献于君王，以此象征自己光明磊落的处世态度。

上九：鸟巢被烧毁，旅人先大笑而后又号啕不已，在场中把牛丢了，大凶之兆。

在最高位的上九爻以鸟比之，其性又阳刚，是过度刚强傲慢之兆。正是旅卦之大忌，又处于离卦之极，火性恰为最暴烈之时。所以如同鸟巢被烧毁一样，代表谦卑柔顺之德的牛也丢失不见，所以柔顺之德的缺失必定会招致凶险。

《彖》曰：旅，“小亨”。柔得中乎外，而顺乎刚，止而丽乎明，是以“小亨，旅贞吉”也。旅之时义大矣哉！

【译文】

《彖传》说：旅卦能得“小亨”。此卦六五阴柔而在外卦得中。而阳刚的上九艮止附丽着离火之光明，故“小亨，旅贞吉”。旅卦依时所用具有多么重大的意义啊！

《象》曰：山上有火，旅。君子以明慎用刑而不留狱。“旅琐琐”，志穷灾也。“得童仆贞”，终无尤也。“旅焚其次”，亦以伤矣。以旅与下，其义丧也。“旅于处”，未得位也。“得其资斧”，心未快也。“终以誉命”，上逮也。以旅在上，其义焚也。“丧牛于易”，终莫之闻也。

【译文】

《象传》说：旅卦，火烧于山上。使用刑罚之时，沉稳如山，严明慎重；断狱能够及时，速若救火，而不滞留拖延。

［初六］“旅琐琐”，用尽心机，遇到灾祸乃是咎由自取。

［六二］“得童仆贞”，终无怨尤。

［九三］“旅焚其次”，心痛不已；行旅在外而行为猥琐，有损失是咎由自取。

［九四］“旅于处”，其位不当。“得其资斧”，还是闷闷不乐。

［六五］“终以誉命”，可承先王之命。

［上九］行旅之人而有高高在上之态，住处被焚毁是意料之中的。“丧牛于易”，无人告知详情。

巽卦(䷸)

巽为风（巽下巽上）

巽：小亨。利有攸往，利见大人。

初六：进退，利武人之贞。

九二：巽在床下，用史巫纷若，吉，无咎。

九三：频巽，吝。

六四：悔亡，田获三品。

九五：贞吉，悔亡，无不利，无初有终。先庚三日，后庚三日，吉。

上九：巽在床下，丧其资斧，贞凶。

【译文】

巽卦巽下巽上，巽为风为入。巽卦如风般飘忽不定，所以有来去如风之象。所以巽卦紧接于旅卦之后，还是很有道理的。故《序卦传》说："旅而无所容，故受之以巽。巽者入也。"巽所指的入并不一般，乃是二阳入而散一阴之入，是阳入于内部以解决阴的问题。所以巽之入，是深入其内、体察细微之，故卦名曰巽。

巽卦：小有亨通。所往有利，此时拜见大德之人是合适的。

此卦指示巽风代表此时处境动荡不安。所以事有变动之时，要特别提防无孔不入的小人。在这样的处境里，独断专行是没有好处的，必须多向亲友长辈请教，向他人学习。若希望达成小事，还是能非常亨通无阻的，但关乎长久的大事，则进退实难，恐不能如愿。

初六：进退两难，踌躇不决，对刚武之人守其正道有利。

下卦巽的主爻为初六。初六在最下，性又阴柔，有过谦之象，信心匮乏，因此不能决断是进是退。若刚武之人能恒守此道则能得吉。

九二：如伏在床下一般顺从谦卑，又请来很多祝史、巫觋为之祈福消灾。得吉，可免于灾祸。

九二阳爻居阴位，有谦卑自顺之象，虽然巽卦谦逊，但伏于床下似乎太过未免会被非议为乃阿谀之举。所幸九二以其卑顺虔诚敬神，最终得吉，可以免于灾祸。

九三：巽顺而其心不专，会受到羞辱。

九三刚爻居刚位，有刚强过度之嫌，有身居下卦最高位，本就非谦逊之人。但总要表示出自己具有谦逊的美德，又做不到心甘情愿，总有不平之气最终会露马脚，招致羞辱。

六四：不再生悔恨之事，可以通过田猎得到不同种类的野兽。

六四爻近于九五尊位，又阴爻阴位，其位得正，故为巽卦正主，有巽顺之善德。借此可以在狩猎时捕到各种各样的猎物，还能立下汗马功劳。

九五：占问有利，不再生悔恨之事，无往不利。起初行事受阻，但最终得吉。庚日前数第三天，即丁日发布命令；庚日后数第三天，即癸日执行这一命令，吉。

九五居于外卦,其位得中得正,自然吉祥而不再有悔恨之事,无所不利。但必须要让百姓明白,下达过的命令必须要谨慎认真地对待和执行,吉。

上九:如伏在床下一般顺从谦卑,钱财和斧头都丢失了,占问危厉。

处本卦最上位的上九,性本阳刚,却极度谦逊,如同伏于床下一般,未免太过。又如同在行旅途中,钱财和斧头一并丢失一般如此卑顺、阿谀,实在凶险。

《彖》曰:重巽以申命,刚巽乎中正而志行。柔皆顺乎刚,是以“小亨,利有攸往,利见大人”。

【译文】

《彖传》说:两巽重叠,说明命令得到反复申明和强调。阳刚之爻九五得中得正,在天下遍施君王的意旨。阳刚之爻为阴柔之爻所顺。故曰“小亨,利有攸往,利见大人”。

《象》曰:随风,巽。君子以申明行事。“进退”,志疑也。“利武人之贞”,志治也。“纷若之吉”,得中也。“频巽之吝”,志穷也。“田获三品”,有功也。九五之吉,位中正也。“巽在床下”,上穷也。“丧其资斧”,正乎凶也。

【译文】

《象传》说:巽卦,乃上下风相顺相从。君子观此象,当行事之前就三令五申,申令之后则要雷厉风行地执行,百姓则令行禁止。

[初六]“进退”,进退不定,犹豫不决。“利武人之贞”,心中不再犹疑。

[九二]“纷若之吉”,居下卦中位之故。

[九三]“频巽之吝”,因为意志已至穷绝之境,不得已而为。

[六四]“田获三品”,能建功立业。

[九五]九五之吉,得中得正。

［上九］"巽在床下"，顺从已至极端，身处穷困之境。"丧其资斧"，遭遇困境仍然前进不息，必定遭遇凶险。

兑卦(䷹)

兑为泽(兑下兑上)

兑：亨，利贞。

初九：和兑，吉。

九二：孚兑，吉。悔亡。

六三：来兑，凶。

九四：商兑未宁，介疾有喜。

九五：孚于剥，有厉。

上六：引兑。

【译文】

兑卦兑下兑上，一阴爻进至二阳爻上方，正如仰天大笑之貌，所以兑即是说(悦)。同时，这也是刚强有力之人将阴柔的弱者高高抬起之象，故无一不感到欢愉的，故为"悦"。兑卦缺口在上，比之于人体正是口，由于人心中欢愉，嘴必先露其情绪，故以兑为悦。若以口使人欢悦，则是言辞沦为花言巧语之时，必须以求信为先。

兑卦：亨通无阻，占问有利。

此卦大体上小事尚可通达如意而喜悦，至于大事则有挫折潜伏于途中。或者表面上冠冕堂皇，花言巧语，但败絮其中。所以是看似成功的希望极大，实际却很难达到。对口头的许诺信以为真，结果往往大失所望。

初九：处世能圆和通达，则常怀喜悦，吉。

初九为本卦之初，在阳位而又得正，尚无兑悦的轻浮。它不应于九四阳刚，但能以光明的形象使人愉悦。与人相处圆融通达而又不同流合污，毫无界限，所以能够和悦而得吉。

九二：待人以诚信悦乐之态，吉。不再生悔恨之事。

九二爻其位不正，且比于六三爻，此爻为媚悦之主，本应有悔意。但它位置得中，性又阳刚，在兑悦中能怀有诚信，故能无悔而得吉。

六三：贸然去求愉悦是不诚不当的，有凶险。

内卦的主爻正是六三爻，其位不中不正，其性又阴柔，在外卦没有应爻，所以唯有主动去求得愉悦，此举过于轻率容易招致灾祸。

九四：谋求怡悦之事商谈未果；虽然有些小毛病，但结果还是会让人喜悦的。

九四爻近于六三爻，阴阳本构成相悦之势，但六三其位不中不正，九四心中未免犹豫不知是否该与其相悦，商议未果，摇摆不定。所幸九四性情刚毅，终于抵制住了六三对它的诱惑，如同出了些小毛病，但结果还是如人意的。

九五：对失信之人保持悦信，有危厉之险。

九五爻处君位，得中得正，性又阳刚，有诸多小人试图取悦它而将其包围其中。且其与上卦的主爻上六最亲近，而上六又是阴柔的小人。所以上六正以谄媚的手段取悦君王，妄图剥落九五的阳刚之气。若这样的小人受到重用，必然十分危险。

上六：引起众人共同的悦乐。

上卦的主爻是上六，又是兑卦之极，性情阴柔，正是为取悦下方的两个阳爻而不择手段的时候。但这种手段毕竟卑劣，也难以判断对方是否能被此所引诱。

《彖》曰：兑，说也。刚中而柔外，说以“利贞”。是以顺乎天而应乎人。说以先民，民忘其劳；说以犯难，民忘其死。说之大，民劝矣哉！

【译文】

《彖传》说：兑卦，为悦。

九二、九五阳刚居中位，六三、上六阴柔则分别居于上下体之外，以使人悦乐而至于“利贞”,因此,对上乃顺应天道自然,对下而合乎民意人心。以百姓之乐为先,百姓才会忘记劳苦;想要引领百姓与困难斗争,唯有百姓喜悦,才会忘记死亡的威胁。悦民的根本作用在于可以让民众一起奋发图强!

《象》曰:丽泽,兑。君子以朋友讲习。“和兑之吉”,行未疑也。“孚兑之吉”,信志也。“来兑之凶”,位不当也。九四之喜,有庆也。“孚于剥”,位正当也。上六“引兑”,未光也。

【译文】

《象传》说:兑卦,乃两泽浸润之意。君子观此象,当知志同道合的朋友相互交流和学习,是大有助益的,使人不致独学无友、孤陋寡闻。

[初九]“和兑之吉”,行动之时不互相怀疑。

[九二]“孚兑之吉”,对外表达出自己的意愿。

[六三]“来兑之凶”,其位不当。

[九四]九四之喜,能得吉庆。

[九五]“孚于剥”,其位得正。

[上六]上六“引兑”,此举不算光明正大。

涣卦(䷺)

风水涣(坎下巽上)

涣:亨,王假有庙,利涉大川,利贞。

初六:用拯马壮,吉。

九二:涣奔其机,悔亡。

六三:涣其躬,无悔。

六四:涣其群,元吉。涣有丘,匪夷所思。

九五:涣汗其大号,涣王居,无咎。

上九:涣其血,去逖出,无咎。

【译文】

涣卦坎下巽上，则风从水上拂过，水由于有风的吹动则涣散开去，故曰涣。涣即是离散。如气血在人忧愁时凝结，在喜悦时舒散。但值得注意的是涣卦所谓的“涣散”并非指“散乱”，而是阐释了“散”和“聚”二者相辅相成的关系，说明事物散的是形态，但神质还是可以汇聚并且达到亨通无阻的境界。

涣卦：亨通无阻。君王至于庙中(行祭祀之礼)，涉越大河有利。占问得吉。

如果从否卦的变卦来看涣卦的话，原本历经艰难险阻之人，将要远离困难，前程似锦。可能是因为得到了外界支援，或是有人出现担负了一些危险。但是从另一个角度说，任何事情都得以顺利的人，会由于太顺而失去斗志，或因为怠惰而缺乏信用，或使得他所信赖的人抛弃他，不同情况境遇都是不一样的。

初六：若用强壮的马匹来拯救，吉。

涣散之始为初六，由于是开始所以还不严重，用健壮的马匹追赶即可转危为安。初六不当其位，性又阴柔，所以多要依靠他人的拯救，比如与其相比的九二爻。九二有刚中之力，故以健壮的马比之。

九二：大水快速流向房前的台阶，不再生悔恨之事。

九二阳爻居阴位，其位不正，应有悔意，不过居于中位，如同大水流向房前的台阶上，居所仍然安全，其心愿还是可以通达的。

六三：用水洗去自己身上的污秽，不生悔事。

六三不中不正，性又阴柔，本性就自私自利。但由于居刚位，尚且能涣散其私心，克制一己私欲，积极作为，如同用水洗涤污秽的自己，改过自新、克服缺点，因此不再有悔恨之事。

六四：以水洗去群众身上的污秽，大吉；水至而百姓结成丘陵，绝非平常所能想象的景象。

六四阴爻阴位，其位得正，上近于九五君王，担任起拯救涣散的重任，在下卦却无应爻，象征不结私党，亦是用水洗涤群众的罪恶，清除不良的道德，所以能得大吉。大水来时，聚集起来的群众如同丘陵，这绝非平常所能想象的景象。

九五：洪水滔天，百姓奔走号哭。洪水奔腾冲向皇宫。人们奋力救灾可以免于灾祸。

涣卦主卦的主爻是九五爻，处于君位，其性阳刚中正，故人们惊呼涣散的声势之大。但是圣明的君王仍然能临危不乱，济天下苍生而稳定民心，如此方无过失。

上九：大水散去，忧虑恐惧的情绪终于消散，不生灾祸。

涣散的极点乃是上九，不过离下卦之险最为遥远，所以忧患不会困扰到它，因此免于灾祸。

《彖》曰：涣，亨。刚来而不穷，柔得位乎外而上同。“王假有庙”，王乃在中也。“利涉大川”，乘木有功也。

【译文】

《彖传》说：涣卦，亨通无阻。阳刚得势而不穷极困窘，阴柔六四处外卦而与上有相同的作为。“王假有庙”，君王九五得中。“利涉大川”，乘木船渡河可以免于灾祸而成其功业。

《象》曰：风行水上，涣。先王以亨于帝，立庙。初六之吉，顺也。“涣奔其机”，得愿也。“涣其躬”，志在外也。“涣其群，元吉”，光大也。“王居，无咎”，正位也。“涣其血”，远害也。

【译文】

《象传》说：涣卦，乃风在水上吹拂。先王观此象，应对上帝进行祭祀，修建宗庙。

[初六]初六之吉，阴柔从于阳刚。

[九二]“涣散其机”，如愿以偿。

[六三]“涣其躬”，其志在于救济他人。

[六四]“涣其群，元吉”，此举正大光明。

［九五］“王居，无咎”，其位得中得正。

［上九］“涣其血”，免于灾祸。

节卦(䷻)

水泽节(兑下坎上)

节：亨。苦节，不可贞。

初九：不出户庭，无咎。

九二：不出门庭，凶。

六三：不节若，则嗟若，无咎。

六四：安节，亨。

九五：甘节，吉，往有尚。

上六：苦节，贞凶，悔亡。

【译文】

节卦兑下坎上，兑为泽，坎为水。乃泽上有水之象，泽中本已有充沛的水，而泽上还有水，但泽的容量是一定的，水满则溢出，恰是节制之象，故卦名曰节。《序卦传》说：“涣者，离也。物不可终离，故受之以节。”事物既然已经离散，就要有所节制，离散并非永久之计，故节卦紧接于涣卦之后。节，亦有止之义。节之止，指使事物不至于发展过度的一种限制，应适可而止。节之止在阐释如何节制人的行为，告诫人们纵然是事所当行，也需要守住一个限度。

节卦：亨通无阻。过于艰苦地节约，并非节之正道。

此卦是由地天泰卦的五爻与三爻相互交感而成。泰至于极而将变为否，为了保持盈而不亏，则需有节度。亦要靠饮食行事的节度以维持身体的康泰而免于衰弱。处事亦须适可而止，守其本分，不可贪求，不应越界干预或自己的主张过强。警惕不可轻举妄动或过于执着。

初九：不从门户庭院处跨出一步，免于灾祸。

初九阳刚，其位得正，虽有功成名就的能力，但正处节卦之始，时机未到。唯有自我节制，不跨出庭院之外，唯有谨慎如斯方可免于灾祸。

九二：不从大门内的庭院跨出一步，则有凶险。

九二其位得中，性又阳刚，此时外出的条件已经成熟。但其位不正，又无爻与之相应，不知变通，故偏止于小节，因此招来灾祸。

六三：没有节俭意识而不善节俭，必会招致忧愁嗟叹之时，又有什么好抱怨的呢？

六三不中不正，性又阴柔，意志薄弱，因此做不到节俭，造成不得不嗟叹的结果，又有什么可抱怨的呢？

六四：奉行节俭而心安理得，亨通无阻。

六四其位得正，性又柔顺，承接此卦之主的九五，能受其感化并顺从它，故得以亨通无阻。

九五：心甘情愿地节俭，吉，往则得利。

九五得中得正，性又阳刚，处君位而节制天下，又以其中正之德，使节之道行遍天下，畅通无阻，节制自己的欲望，同时也使得他人愉快地接受节制之道，故得吉。此时积极有所作为可以建立功勋。

上六：认为节俭是痛苦之事的人，占断必然凶险。反之则不再生悔恨之事。

此卦之极为上六，因极端地节制而备感痛苦。长此以往必有凶险。若有改悔之意，才能免于灾祸。

《彖》曰：节，"亨"。刚柔分而刚得中。"苦节不可贞"，其道穷也。说以行险，当位以节，中正以通。天地节而四时成。节以制度，不伤财，不害民。

【译文】

《彖传》说：节卦，亨通无阻。内外卦有刚有柔，阳刚九二、九五其位得中。"苦节，不可贞"，是穷极困窘之道。因悦乐而冒险行事，九五当其位而行节制之道，得中得正方可亨通。四季的形成也正是由于天地有所节度。以典章制度为节制约束己身，则能保财保民，稳固社稷。

《象》曰：泽上有水，节。君子以制数度，议德行。“不出户庭”，知通塞也。“不出门庭，凶”，失时极也。“不节之嗟”，又谁咎也。“安节之亨”，承上道也。“甘节之吉”，居位中也。“苦节，贞凶”，其道穷也。

【译文】

《象传》说：节卦，泽上仍有水“溢出之象，须筑堤以防水患”。君子观此象，通过确立礼仪制度来约束贵贱之人的行为，评议道德以规范善德善行。

［初九］“不出户庭”，明确通达或阻塞的时机。

［九二］“不出门庭，凶”，失去了最好的时机。

［六三］“不节之嗟”，又有什么好抱怨的呢？

［六四］“安节之亨”，谨遵为君之道。

［九五］“甘节之吉”，其位得中得正。

［上六］“苦节，贞凶”，行至于穷途末路，危厉难行。

中孚卦(䷼)

风泽中孚（兑下巽上）

中孚：豚鱼吉。利涉大川。利贞。

初九：虞吉，有它不燕。

九二：鸣鹤在阴，其子和之；我有好爵，吾与尔靡之。

六三：得敌，或鼓或罢，或泣或歌。

六四：月几望，马匹亡，无咎。

九五：有孚挛如，无咎。

上九：翰音登于天，贞凶。

【译文】

中孚卦兑下巽上，泽上有风，中孚即是风行于泽上而动于水中。中孚卦,分别从上下两个卦来看则上下二五均为阳中实;合上下两卦为一卦看则外有四阳,内有二阴,乃中虚之象。信之质是中实,信之本方为中虚。内外均是中实而整体又能坚持中虚,正是中孚之象。中孚是诚信之意,《序卦传》说:“节而信之,故受之以中孚。”故节首先要有诚信,因为制度再严密,其效用取决于执行的力度,执行则关乎人们是否有诚信之心。高位者守信,下位者信从,这才是“节而信之”。故中孚卦紧接于节卦之后。

中孚卦:用豚和鱼作为祭品能得吉。涉越大河吉利,占问则吉。

此卦以兑口相连接,是相亲相和之象。所以应敞开胸襟相互谈论心得,以真诚之心互相增益。因此洽谈之事在如此和睦的情形下进行必然推断为吉。

初九:守其诚信方得其吉,若别有所图则心内不宁。

此卦之始为初九爻,必须细心引导,使其安守诚信之道,不致误入歧途,其应于六四爻,二者能以孚相待,则可得吉。若做不到这样,常常见异思迁,则其心不宁。

九二:雄鹤应和着在树荫下鸣叫的雌鹤;我以杯盛满美酒,愿与你同享宴飨之乐。

在内外卦的九二爻与九五爻均得其中,性情阳刚充实,以喻心怀诚信,虽然距离很远但能遥相呼应,表达爱意。这也是诸多爻辞之中最美妙的语句。心怀诚信就可以克服困难,相互应和,分享心情,如同雄鹤应和着雌鹤的鸣叫。自己得到了好酒,愿与他人分享,互相沟通彼此的诚心与诚意。

六三:成功地偷袭并俘获了敌人,击鼓班师回朝,士卒高唱凯旋之歌,但损失惨重,喜悲交加而泣。

六三阴爻居阳位,其位不正,故有盲目躁进的趋势。不过有六四阻挡在前,同性相斥;六三虽应于上九,但六四应于初九,二者旗鼓相当,难以亲近。所以六三不得不采取偷袭的战术,得到战果而能班师回朝,士卒高唱凯旋之歌,又悲喜交加而泣涕不止。但由于其位不正,所以亦有不少损失,故略显凌乱。

六四：马匹在满月之时走失，可以免予灾祸。

六四阴爻居阴位，其位得正，又最近于九五尊位，以喻一人之下万人之上的大臣，因此用满月来喻之。因六四向九五不断致以其诚，虽其应爻初九已经与其绝交，但也不会发生灾祸。

九五：怀有诚信，心系天下，可以免予灾祸。

中孚的主卦爻为九五爻，性又刚中，故取其为有孚之象。因其以诚信之心系于天下，才免予灾祸。

上九：飞鸟的鸣叫声响彻天上，占问危厉。

上九虽阳刚，但处此卦之终，又不中不正，而有空虚之象，没有信实，如同鸟叫声响彻于天但虚而无物，以喻人并非心怀孚诚，却假装成诚信之状。

《彖》曰：中孚，柔在内而刚得中，说而巽，孚乃化邦也。"豚鱼吉"，信及豚鱼也。"利涉大川"，乘木舟虚也。中孚以"利贞"，乃应乎天也。

【译文】

《彖传》说：中孚卦，阴柔的六三、六四爻在内，而阳刚的九二、九五爻其位得中。下悦乐上谦逊，诚信之德如此方可教化百姓。"豚鱼吉"，用豚鱼作为祭品能表达祭祀的诚心。"利涉大川"，乘着中虚的木船渡河。诚信以"利贞"，顺应天道之故。

《象》曰：泽上有风，中孚。君子以议狱缓死。初九"虞吉"，志未变也。"其子和之"，中心愿也。"或鼓或罢"，位不当也。"马匹亡"，绝类上也。"有孚挛如"，位正当也。"翰音登于天"，何可长也。

【译文】

《象传》说：中孚卦，风行于泽上。君子观此象，应在决狱之前先要进行周详的审议，如果要判决死刑，则要缓刑以复查结果，以求绝对信实。

[初九]初九“虞吉”,虔诚其心,不会摇摆不定。

[九二]“其子和之”,愿望是发自内心,绝对真诚的。

[六三]“或鼓或罢”,其位不当之故。

[六四]“马匹亡”,非其同类故向上附于九五。

[九五]“有孚挛如”,得中得正,其位得当。

[上九]“翰音登于天”,难以长久。

小过卦(䷽)

雷山小过(艮下震上)

小过:亨,利贞。可小事,不可大事。飞鸟遗之音,不宜上,宜下。大吉。

初六:飞鸟以凶。

六二:过其祖,遇其妣;不及其君,遇其臣。无咎。

九三:弗过防之,从或戕之,凶。

九四:无咎,弗过遇之,往厉,必戒,勿用,永贞。

六五:密云不雨,自我西郊。公弋,取彼在穴。

上六:弗遇过之。飞鸟离之,凶,是谓灾眚。

【译文】

小过卦艮下震上,艮为山,震为雷。山上有雷之象,雷震响于山上,其声比平常要响,故称小过。又阴为小,四阴在外而二阳在内的小过卦正是阴多于阳,乃小者过多,故曰小过。《序卦传》说:“有其信者必行之,故受之以小过。”中孚卦关键是信用,人有信必须要体现在行动上,而有所行动则难免有所过,因此小过卦紧接于中孚卦之后。简而言之,小过从过的主体、对象、程度分别言之,就是小者过,小事过和过之小。

小过卦:亨通无阻,占问吉利,做小事可以,但做大事难成。远方传来飞鸟的哀鸣声,往上不利,而下则吉。

顾名思义,此卦特别指事有稍过,超出应有的分寸,妄进或躁进而遭遇的情况。工作上试图担起重任，但与自己的身份、实力不配。本卦四阴二阳，阴之气势尤盛。

初六：随飞鸟而至的凶兆。

初六性情阴柔，又应于九四相应，一心要飞，不过好高骛远，没有节度，遭遇凶险是其咎由自取。

六二：与祖父错过，又与祖母相遇，难至于君前，而路遇其臣仆。可免于灾祸。

六二爻得中得正，性又柔顺；故得以亨通无阻。五位若为阳爻，则喻祖父、君；若为阴爻，则喻祖母、臣。二应于五，使得六二可以升进，但五位为阴，因此说与祖父错过了，又与祖母相遇；难至于君，而又遇其臣。即便如此由于能得到协助，故可以免予灾祸。

九三：虽无过错，但要防患于未然；一旦纵容，则会为人所害，极其凶险。

九三得正，性又阳刚，为刚正不阿的君子，故能勇于前进。其应于上六，但上六是阴柔的小人，所以若九三防患于未然，则可防止灾祸；但一味纵容，必有严重的灾祸。

九四：不生灾祸，无过错而逢之，往则有危厉，务必加以警惕，应永远守其正道，不做这样的事。

九四刚爻居柔位，刚而兼柔，刚柔相济，不妄自逞强，所以可以免予灾祸。九四应于初六，而初六却是阴柔的小人，心存侥幸企图高升；但九四刚柔并济，无过错而逢之。若急于进取，则有危险，务必保持警惕，恒守正道。

六五：自我西郊而来的乌云密布，但还不见有雨。王公射中的飞禽，从洞穴里将其取得。

六五处君位，但阴爻心有余而力不足，对于从事积极的事业力有不逮。所以说阴过其度而致难以调和，造成未能下雨的情况。也因此过于阴柔以至于处君位而不能化膏泽以育万民。故为打破这一滞涩不通的局面，唯有任用谦恭的六二，正如所射之鸟从穴中得到。

上六：一路没有阻碍，导致其骄矜过度。上六如同飞鸟高飞，而遭遇射杀，境遇凶险，此之谓灾祸。

上六为此卦之极，也是阴过盛的极点，故象征阴柔的小人，由于没有阻碍而过于亨通，以致凭借侥幸升进过度，终于落网。如同飞鸟高飞，失去安身之所，而遭射杀一般，凶险非常。

《彖》曰：小过，小者过而亨也。过以“利贞”，与时行也。柔得中，是以“小事吉”也。刚失位而不中，是以“不可大事”也。有飞鸟之象焉。“飞鸟遗之音，不宜上，宜下，大吉”，上逆而下顺也。

【译文】

《彖传》说：小过卦，小事有所过度而亨通无阻。小过“利贞”的原因正是由于能做到具体问题具体对待。阴爻六二、六五其位得中，故“小事吉”。阳刚未能居中而失其位，故“不可大事”。以飞鸟喻之，则“飞鸟遗之音，不宜上，宜下，大吉”。正是缘于向上是逆行，想要顺行则必须向下。

《象》曰：山上有雷，小过。君子以行过乎恭，丧过乎哀，用过乎俭。“飞鸟以凶”，不可如何也。“不及其君”，臣不可过也。“从或戕之”，凶如何也。“弗过遇之”，位不当也。“往厉，必戒”，终不可长也。“密云不雨”，已上也。“弗遇过之”，已亢也。

【译文】

《象传》说：小过卦，山上有雷之象。君子观此象，行为举止略比常人恭敬，居丧略比常人哀戚，花销略比常人节俭。

［初六］“飞鸟以凶”，无奈之举。

［六二］“不及其君”，无法越过臣子而面见君王。

［九三］“从或戕之”，有不可预料之凶险。

［九四］“弗过遇之”，其位不当。“往厉，必戒”，终难长久。

［六五］“密云不雨”，阴升进过高之故。

［上六］“弗过遇之”，升至尽头，无法再高。

既济卦(䷾)

水火既济(离下坎上)

既济:亨,小利贞。初吉,终乱。

初九:曳其轮,濡其尾,无咎。

六二:妇丧其茀,勿逐,七日得。

九三:高宗伐鬼方,三年克之,小人勿用。

六四:繻有衣袽,终日戒。

九五:东邻杀牛,不如西邻之禴祭,实受其福。

上六:濡其首,厉。

【译文】

既济卦离下坎上,离为火,坎为水。水上火下,正是水火相济而成事功的情形。既济卦六爻均正当其位,阴爻阴位,阳爻阳位,说明没有矛盾还未解决,事物发展完成,大事已定。《序卦传》说:“有过物者必济,故受之以既济。物不可穷也,故受之以未济终焉。”前一句阐释既济卦排在小过卦之后的原因。后一句则说明了《易经》排列此卦的整体思想和宏观结构。从“物不可穷也,故受之以未济终焉”来看,《易经》的作者将既济、未济两卦放在六十四卦的最后自有其深意。事实上既济与小过并无直接联系,因为不管六十四卦中倒数第三卦是何卦,排在六十四卦中的倒数第二卦的必然是既济。《易经》以六十四卦来形容世间万事万物的一个完整的发展过程。乾坤两卦作为这个过程之始,中间的六十卦则是在渐渐展开这个过程,既济、未济两卦作为这个过程之终。六十四卦最终的既济、未济,其意义同乾坤二卦一样不凡,正是它们反映了《易经》作者“物不可穷”的辩证观。

既济卦:亨通无阻,占问能得小利。一开始会得吉,但最终则生灾祸。

这卦在本卦变为它卦时为凶,反之若有它卦变为此卦则吉。日常普通的小事能亨通得吉,而大事难以有所成就。因为一开始事无阻碍,发展顺利,但难以持久,所以务必妥善处置。此卦是六十四卦中唯一六爻均其位得正的卦。因此到至于极点反而不能再得亨通。为维持盈而不亏的局面一定忍受着格外的艰辛,徒生变动则会造成混乱或蒙受损失。因此应暂缓进行首创之业。

初九:拽住车轮以渡水,其速缓慢而水还是沾湿了小狐的尾巴。不生灾祸。

此卦的最下方为初九爻,可以车轮、狐尾作比。“曳其轮”“濡其尾”,表示不可再前进。既济的关键在于止而保有其“济”(成),方能免予灾祸。

六二:不用着急追寻妇女丢失的头巾,七天之后自会失而复得。

六二爻是下卦离的主爻,得中得正,又应于上卦阳刚中正得君位的九五,本应有出人头地得到重用的机会。可惜九五君王,大业已成,踌躇满志,还未有志向求于遗贤。故六二怀才不遇正如妇女丢失头巾,无法打扮得出彩以显露自己。不过也不必急于躁进,七日一过,头巾自会失而复得,此时时机就会到来。若一味躁进,反而会招致灾乱。此时保守不进恰是合于既济之道的。

九三:殷高宗起兵伐鬼方,苦战三年最终获得胜利。不可任用小人。

内卦离的极点为九三,又刚爻居刚位,火性至烈。发动战争鼓舞人心,就是为了让人民不因沉溺安乐而懈怠,所以才起兵征伐远方的夷狄。然而最终获得胜利是在苦战了三年之后,经此一役国力疲惫甚至有生既济之乱的可能。此时尤其不可任用会乱国事的小人。

六四:用破衣旧絮去堵塞漏水的船。时刻警惕之意。

六四柔爻居柔位,处事细心周到,为防止在渡河时船会漏水,而备有破衣破布,以便特殊情况应急使用。告诫人们应避免成功时过于自满,要时刻戒慎恐惧,戒备特殊情况的发生。

九五:东邻杀牛作为牺牲来举行盛大的祭祀,却不如西邻的薄祭更有福佑。

九五爻处君位,正是大业已定,天下太平之时,但实际上既济之骄与天下初定时混乱的现象正在层出不穷,渐趋没落。祭祀时更不能只重视表面的典礼盛大祭品丰厚,而更该如六二一样奋发图强,采取薄祭而内心虔诚,可以获得更多的福佑。

上六：（渡河之水）使狐狸的头被沾湿了，会遭遇危厉。

本卦之终是上六爻，如同狐狸的头部。上六性阴柔而渡水，此乃冒险之举，无疑如同将头沉入水中，可想而知其危险的程度。告诫人们不能被一时的成功蒙蔽了眼睛，躁进冲动，遭遇危险是咎由自取

《彖》曰：既济，"亨"，小者亨也。"利贞"，刚柔正而位当也。"初吉"，柔得中也。"终"止则"乱"，其道穷也。

【译文】

《彖传》说：既济卦，"亨"，即为小事可以亨通无阻。"利贞"，刚柔得正而各安其位。"初吉"，是因阴柔的六二在下位卦中其位得中。"终"止则生"乱"，是已陷入穷途末路之故。

《象》曰：水在火上，既济。君子以思患而豫防之。"曳其轮"，义无咎也。"七日得"，以中道也。"三年克之"，惫也。"终日戒"，有所疑也。"东邻杀牛"，不如西邻之时也。"实受其福"，吉大来也。"濡其首，厉"，何可久也。

【译文】

《象传》说：既济卦，水于火上。君子观此象，应在事竟之后还要考虑到可能出现的情况并防患于未然，可至于既济之境。

［初九］"曳其轮"，则无咎。

［六二］"七日得"，守其正道之故。

［九三］"三年克之"，自己也疲惫衰竭。

［六四］"终日戒"，警惕疑虑。

［九五］"东邻杀牛"，不如西邻采用薄祭更合乎具体情况。"实受其福"，才能得吉。

［上六］"濡其首，厉"，如何维持长久呢？

未济卦(䷿)

火水未济(坎下离上)

未济:亨。小狐汔济,濡其尾,无攸利。

初六:濡其尾,吝。

九二:曳其轮,贞吉。

六三:未济,征凶。利涉大川。

九四:贞吉,悔亡。震用伐鬼方,三年有赏于大国。

六五:贞吉,无悔,君子之光,有孚吉。

上九:有孚于饮酒,无咎。濡其首,有孚失是。

【译文】

未济卦坎下离上,火在上而水在下,火性上行而水性下行,互不相资,而各爻均其位不当,故曰未济。《序卦传》说:"物不可穷也,故受之以未济终焉。"六十四卦至于既济卦,以至于穷尽之态,乾坤几息,矛盾渐消,斗争结束而大事已定。不过其实乾坤必不能止,"物不可穷",故还有未济排在既济之后。物不可穷,是指万事万物变化无穷、生生不息,即终止之后正是另一个新的开始。

未济卦:亨通无阻。小狐狸将要渡过大河,河水湿了狐狸的尾巴,不利。

此卦正与既济卦相反,在本卦得之而变为他卦则吉。现在既无高位,又无运气。一开始行事若错误或轻视的话,挫折是必然会在中途遇到的,以致陷入更为困窘的处境,所以更应戒慎恐惧,不宜轻举妄动。有财而无法作为资金起到作用,有才而无法得到重用,因此极其忧虑。需要压抑自己的冲动,最为重要的是发挥自己的耐心以及毅力,做到坚持不懈。事皆先难后易,必须不急躁不怠惰,孜孜不倦方有所成就。

初六:渡河的小狐狸,尾巴却被水沾湿。有羞辱之事发生。

本卦最下方为初六,可以狐狸尾巴喻之。其性阴柔,力弱而又正是未济之,渡河艰难,致使沾湿了尾巴,招致羞辱。

九二：车轮被拽住，利于占问。

九二刚爻居柔位，处于下卦的得中之位，卑顺中庸，可以克己，如同渡河时车轮被拽住，无法逞强，正是天下未定，是前期最艰难之时，但可以得吉。

六三：未成其业而一味冒进必凶险非常，涉越大河有利。

内卦之极为六三爻，正是未济将至于极点，要离开坎险之时。但六三不中不正，性又柔弱，故这时行动必然有难。但若能将不利的条件纳入考虑范围之内，策划周详细致，不懈前进以觅得出路，方能突破险境，可以得吉。

九四：守正则吉，悔事消亡。伐鬼方势如雷霆，苦战三年之后才获胜，获得殷的封赏。

九四阳爻居阴位，其位不正，因对正道的坚守，方能使得悔恨之事渐消；但其身不正，试图行正道而不能，故不得不奋发图强，以其阳刚的特质解决困难，如此唯有长期不懈地坚持，正如讨伐夷族势如雷霆，苦战三年之后终于得胜，才获得殷之封赏。

六五：守其正道则吉，没有悔恨之事，君子的德行光辉熠熠，怀信者必得其吉。

六五爻已至于此卦中的既济之境，正如渡河刚毕。同样是"贞吉"，九四爻体现为"悔亡"，而在六五爻却表达为"无悔"。正是离明之主爻，又应于九二，又比于九四。其柔中之德的发挥正可以挽救其脱离未济之境地。

上九：怀诚心而饮酒为贺，可免予灾祸。如同涉水而湿了头的狐狸一般，过度沉湎安乐之境，空怀诚信，而早已失却正道。

未济卦之终为上九爻，完成了的未济已然进入既济的阶段。所以摆宴饮酒以庆贺否极泰来，只要以诚相待，饮食使无灾祸。但是一味耽溺于过度的安逸而不顾奋进，那么历经艰险而建立的功业必将毁于一旦，而又回到旧的未济的状态之中。

《彖》曰：未济，"亨"，柔得中也。"小狐汔济"，未出中也。"濡其尾,无攸利",不续终也。虽不当位,刚柔应也。

【译文】

《彖传》说：未济卦,"亨",阴柔的六五其位得中。"小狐汔济",不能出于险。"濡其尾,无攸利",难以自始至终。虽然各爻皆其位不当,然而可以做到刚柔相应。

《象》曰：火在水上,未济。君子以慎辨物居方。"濡其尾",亦不知极也。九二"贞吉",中以行正也。"未济,征凶",位不当也。"贞吉,悔亡",志行也。"君子之光",其晖吉也。"饮酒""濡首",亦不知节也。

【译文】

《象传》说：未济卦,是火于水上。君子观此象,慎重分辨物性,并使其各安其位。

[初六]"濡其尾",乃自不量力、一味逞强的后果。

[九二]九二"贞吉",行于中道乃是居于中位之故。

[六三]"未济,征凶",其位不当。

[九四]"贞吉,悔亡",实现其愿。

[六五]"君子之光",其具有光辉熠熠的品德,吉。

[上九]"饮酒""濡首",不知节制之故。

说卦传

第一章

昔者圣人之作《易》[①]也,幽赞于神明而生蓍[②],参天两地而倚数[③],观变于阴阳而立卦,发挥于刚柔而生爻,和顺于道德而理于义,穷理尽性以至于命[④]。

昔者圣人之作《易》也,将以顺性命之理[⑤],是以立天之道曰阴与阳,立地之道曰柔与刚,立人之道曰仁与义[⑥],兼三才而两之,故《易》六画而成卦。分阴分阳,迭用柔刚[⑦],故《易》六位而成章⑧。

【注释】

①昔者圣人之作《易》:以前伏羲、文王等圣人创作《周易》。

②幽赞于神明而生蓍:圣人暗中受到神明的辅助而作《易》,发明了蓍草占筮之法。幽,暗;赞,帮助;蓍,蓍草,古人用以占筮吉凶。

③参天两地而倚数:以奇数三为天,以偶数二为地,可立卦爻之数。同时以象征阴阳之数的七、八、九、六,配合占筮的过程。

④穷理尽性以至于命:《易》穷究万事之至理和万物之本性,以至于天赋异禀可以通晓万物生灵之性命。

⑤顺性命之理:顺应万物之本性和自然变化的普遍规律。性,万物之本性;命,自然变化的普遍规律。

⑥立天之道曰阴与阳,立地之道曰柔与刚,立人之道曰仁与义:确立阴阳二者的对立统一是天的法则,确立刚柔二者的对立统一是地的法则,确立仁义二者的统一兼备是人之为人的法则。

⑦分阴分阳,迭用柔刚:六十四卦中每卦各六爻,有阴位阳位之别,

刚柔交替杂用。

⑧《易》六位而成章:《易》每卦有六个爻位,其间阴柔阳刚交错相杂,而成为完整的系统。章,文理,引申为完整的系统。

【译文】

从前,圣人暗中受到神明的辅助而作《易》,发明了蓍草占筮之法,以奇数三为天,以偶数二为地,可立卦爻之数。观察并效仿天地阴阳之变设立其卦;发挥阳刚阴柔之用而设立其爻;顺应道德而揭示义理,《易》穷究万事之至理和万物之本性,以至于天赋异禀可以通晓万物生灵之性命。

从前,圣人作《易经》以探究宇宙万物的奥秘,顺应万物之本性和自然变化的普遍规律。所以,确立阴阳二者的对立统一是天的法则,确立刚柔二者的对立统一是地的法则,确立仁义二者的统一兼备是人之为人的法则。因此八卦是囊括天、地、人三者之理的。将八卦中两个三画的单卦相叠而成六画的六十四卦。六十四卦中每卦各六爻,有阴位阳位之别,刚柔交替杂用,而成为完整的系统。

【说明】

以上是第一章,着重论述《易经》与卦爻及义理之间的关系。明确卦、爻设立的依据及目的以及建立卦象的法则。

第二章

天地定位,山泽通气①,雷风相薄,水火不相射②。八卦相错,数往者顺,知来者逆,是故《易》逆数也③。

雷以动之,风以散之,雨以润之,日以烜④之,艮以止之,兑以说⑤之,乾以君之,坤以藏之⑥。

帝出乎震⑦,齐乎巽,相见乎离,致役乎坤⑧,说言乎兑,战乎乾⑨,劳乎坎,成言乎艮。万物出乎震,震东方⑩也。齐乎巽,巽东南也;齐也者,言万物之絜齐⑪也。离也者,明也,万物皆相见,南方之卦也。圣人南面而听天下,向明而治,盖取诸此也。坤也者,地也,万物皆致养焉，故曰致役乎坤。兑，正秋也，万物之所说也，故曰说言乎兑。战乎乾，乾，西北之卦也，言阴阳相薄也。坎者水也，正北方之卦也，劳卦也，万物之所归也，故曰劳乎坎。艮，东北之卦也，万物之所成终，而所成始⑫也，故曰成言乎艮。

神也者，妙万物而为言者⑬也。动万物者，莫疾乎雷⑭；桡万物者，莫疾乎风⑮；燥万物者，莫熯乎火⑯；说万物者，莫说乎泽；润万物者，莫润乎水；终万物始万物者，莫盛乎艮。故水火相逮⑰，雷风不相悖，山泽通气，然后能变化，既成万物也。

【注释】

①天地定位，山泽通气：乾坤两卦正如上天下地的位置一般，确定不移；高山与低泽二者交感互通其气。天，乾卦；地，坤卦；山，艮卦；泽，兑卦。

②雷风相薄，水火不相射：风雷各自兴起，又互为应和，所以风可鼓浩大之雷，雷可助风速之威；水火其性相异却没有两相厌弃，而能互资互助。雷，震卦；风，巽卦；薄，入；水，坎卦；火，离卦；射，厌弃。

③八卦相错，数往者顺，知来者逆，是故《易》逆数也：八卦互摩相荡错综杂沓而成六十四卦，以《易》占之可晓过去之事，再由古及今，推知已发生之事，此曰顺。以《易》还可推知未来之事，再由今及未来，推知未至之事，此曰逆。由《易》可知未来，所以说《易》是预知之术。错，犹摩；数，推算。

④烜（xuān）：晒干。

⑤说：通“悦”，喜悦。

⑥乾以君之，坤以藏之：主宰万物为乾天，包藏万物为坤地。君，主宰；藏，包藏。

⑦帝出乎震：“帝”兴起雷震鼓荡万物生长；帝，是古人认识中主宰自然者，而非上帝。

⑧致役乎坤：坤地受其役使以化育万物。来知德《周易集注》认为：“致者，委也。坤乃顺承天，故为阳所委役。”

⑨战乎乾：归藏万物时事物运动时构成的内部矛盾。就方位及时令

来看,乾卦象征西北、立冬;立冬乃寒至暑尽、阴阳相交之时,西北属阴,正搏于乾阳,而万物正处于阴阳相争、盛衰相转之际,故曰“战乎乾”。

⑩万物出乎震,震东方:万物于春分时节生于东方。《说卦传》将八卦配以相应的季节与方位,即配以四时和八方。古代一年以三百六十天计算,一分为八,各四十五天。故配之以四时八方为:震为正东,为正春;巽为东南,为春末夏初;离为正南,为正夏;坤为西南,为夏末秋初;兑为正西,为正秋;乾为西北,为秋末冬初;坎为正北,为正冬;艮为东北,为冬末春初。

⑪ 絜齐:齐整划一。

⑫ 万物之所成终,而所成始:万物生生不息终始循环相因。艮卦对应于东北方位,时令则对应于冬末春初,冬末万物终结,春初万物初始。以此说明旧生命消亡而新生命开始,生生不息。

⑬ 神也者,妙万物而为言:大自然对于化育万物有神奇奥妙之功。神,指大自然化育万物的神妙之功。

⑭ 动万物者,莫疾乎雷:若论及鼓荡万物使之化育者,则无骤于雷霆者。疾,急。

⑮ 桡万物者,莫疾乎风:若论及吹拂长养万物使之生长的,则无疾于风者。桡,通“挠”,吹拂长养。

⑯ 燥万物者,莫熯乎火:若论及要让万物干燥,则无胜于火者。燥,干燥;熯,火烈。

⑰ 水火相逮:水火其性相异、互不相容,而能互济互助。逮,及。

【译文】

乾坤两卦正如上天下地的位置一般,确定不移;高山与低泽二者交感互通其气;风雷各自兴起,又互为应和,所以风可鼓浩大之雷,雷可助风速之威;水火其性相异却没有两相厌弃,而能互资互助。天、地、山、泽、雷、风、水、火种种物象,绝非孤立隔绝,而是互相助益,声息相通的;因此同理可知,每一卦亦不孤立,八卦互摩相荡错综杂沓而成六十四卦,以《易》占之可晓过去之事,再由古及今,推知已发生之事,此曰顺。以《易》还可推知未来之事,再由今及未来,推知未至之事,此曰逆。由《易》可溯往而知来,因此说其为“逆数”。

震以象雷，万物受其鼓动。巽以象风，阴气随之发散。坎以象雨，万物受其滋润。离以象月，万物受其照耀而得以干燥温暖。艮以象山，万物行动受其阻止。兑以象和悦，阴气可以软化温和旺盛的阳气。主宰万物为乾天，包藏万物为坤地。

由"帝出乎震"到"成言乎艮"是起到论述纲目作用的，之后才是详述。"帝"兴起雷震鼓荡万物生长，在文王八卦中，震对应的时令和方位是春天及东方，太阳也是从东方升起而使万物得以普照；巽卦则使万物齐整划一，巽对应于春夏之间，代表东南方，这时太阳已升，万物光鲜，一齐生发；离卦以象光明，对应于夏季，代表南方，这时日中，普照万物，万物显明毫发毕现；圣人以成帝王，坐北方而面南，聆听裁断天下事务，正是取法于此卦，象征正对光明以治天下。坤卦以象地，载育万物，因此说是自然界的主宰者役使其养育万物，坤卦对应于夏秋之间，代表西南方；兑卦以象秋，正是万物欣乐、硕果累累之季，代表西方；归藏万物时事物运动时构成的内部矛盾。就方位及时令来看，乾卦象征西北、立冬，这时太阳西沉，明暗阴阳正陷于交替转化斗争之中；坎卦以象水，对应于正北方，象征冬季，此卦以水流不息象征劳苦不迭，此时已日落西山，大地复归于黑暗，万物劳苦一天终于休息；艮卦以象山，对应于东北方，象征冬春之间，正是黎明之际，黑暗将往，光明将至，万物生生不已、循环交替、终始相因，所以说，是艮卦为终完成了自然界变化的循环。

大自然对于化育万物有神奇奥妙之功。若论及鼓荡万物使之化育者，则无骤于雷霆者；若论及吹拂长养万物使之生长的，则无疾于风者；若论及要让万物干燥，则无胜于火者；象征泽的兑卦比任何东西都更使万物喜悦；而若论及使万物滋润则象征水的坎卦才最有效力；若论及使万物自终而始，则无盛于艮者。此皆神明之奥妙。因此水火其性相异、互不相容，而能互济互助，风雷互相助益而不背离，山泽亦能通其气息，而后变化以成万物。

【说明】

以上是第二章，起到对八卦卦象做总论的作用。从八卦间的对立统一着眼，用八方、四时以配八卦，阐发了八卦的象征意义。

第三章

乾，健也。坤，顺也。震，动也。巽，入也。坎，陷也。离，丽也。艮，止也。兑，说也。①

乾为马，坤为牛，震为龙，巽为鸡，坎为豕，离为雉，艮为狗，兑为羊。②

乾为首，坤为腹，震为足，巽为股，坎为耳，离为目，艮为手，兑为口。③

乾，天也，故称乎父。坤，地也，故称乎母。④震一索而得男，故谓之长男。⑤巽一索而得女，故谓之长女。坎再索而得男，故谓之中男。离再索而得女，故谓之中女。艮三索而得男，故谓之少男。兑三索而得女，故谓之少女。

乾为天，为圜，为君，为父，为玉，为金，为寒，为冰，为大赤，为良马，为老马，为瘠马，为驳马，为木果。⑥

坤为地，为母，为布，为釜，为吝啬，为均，为子母牛，为大舆，为文，为众，为柄。其于地也为黑。⑦

震为雷，为龙，为玄黄，为旉，为大途，为长子，为决躁，为苍筤竹，为萑苇。其于马也，为善鸣，为馵足，为作足，为的颡。其于稼也，为反生。其究为健，为蕃鲜。⑧

巽为木，为风，为长女，为绳直，为工，为白，为长，为高，为进退，为不果，为臭。其于人也为寡发，为广颡，为多白眼，为近利市三倍。其究为躁卦。⑨

坎为水，为沟渎，为隐伏，为矫輮，为弓轮。其于人也为加忧，为心病，为耳痛，为血卦，为赤。其于马也，为美脊，为亟心，为下首，为薄蹄，为曳。其于舆也，为多眚。为通，为月，为盗。其于木也，为坚多心。⑩

离为火，为口，为电，为中女，为甲胄，为戈兵。其于人也为大腹。

为乾卦，为鳖，为蟹，为蠃，为蚌，为龟。其于木也，为科上槁。[11]

艮为山，为径路，为小石，为门阙，为果蓏，为阍寺，为指，为狗，为鼠，为黔喙之属。其于木也，为坚多节。[12]

兑为泽，为少女，为巫，为口舌，为毁折，为附决。其于地也，为刚卤。为妾，为羊。[13]

【注释】

①乾以象天，性动而刚健。坤以象地，性顺而与天相配。震以象雷，动而生变。巽以象风，则无孔而不入。坎以象水，入则沉溺陷落。离以象火，附物而燃。艮以象山，阻碍他物之所动。兑以象泽，润泽万物，使之悦乐生长。健、顺、动、入等均指八个基本卦象的象征意义，此乃意象，又称卦德。

②乾性刚健，而马行健，故以马喻乾。坤性柔顺，而牛顺服，故以牛喻坤。震性活跃，而龙腾飞，故以龙喻震。巽风吹而动万物，而鸡鸣人动，故以鸡喻巽。坎性如坑水，而豕爱嬉戏于泥沼中，故以豕喻坎。离性附丽，而野雉有鲜丽的羽毛，故以野雉喻离。艮性止息，而看家犬禁止外人入内，故以狗喻之。兑性悦乐，而羊羔喜人爱抚，故以羊羔喻兑。以上马、牛、龙、鸡、豕、雉、狗、羊等动物形象皆为八卦所代表，八卦的取象比类仍在其寓意上。

③乾为天，在上之天如同头部之于身体，故乾为首。坤为地，含藏万物之地如同容纳食物的人腹，故坤为腹。震为动，如同用以行动之足，故震为足。巽为木，如同似木之干的股及大腿，故巽为股。坎为水，坑洼如耳为首之坑，故坎为耳。离为火，火明如双目之明，故离为目。艮为山，起伏的山陵如人之手指，故艮为手。兑为泽，融汇众流如饮食皆入人口，故兑为口(此处从高亨说)。以上八句皆取人体的八种器官与八卦相配，以喻八卦"近取诸身"的取象原则。

④乾，天也，故称乎父。坤，地也，故称乎母：乾为天，性刚健有为；坤为地，性柔顺化育。因此乾如父，坤似母。

⑤震一索而得男，故谓之长男：首次求其爻变而成震卦以得男，故名

之为长男。这一句与下文“巽一索而得女，故谓之长女。坎再索而得男，故谓之中男。离再索而得女，故谓之中女。艮三索而得男，故谓之少男。兑三索而得女，故谓之少女”，都是由乾坤二卦通过变爻变卦而产生新的卦形，也就是乾坤六子的产生过程。乾卦为三根阳爻，若第一根变为阴，成巽卦，因阴指女性，故名得女，又是第一爻变化而得，故名长女。索，求，即求其爻变之意。由于爻变是第一次，因此叫一索。由此类推，乾卦第二根变为阴，成离卦，如此是离二索而得女，第二爻变化故名中女。乾卦第三根变为阴，成兑卦，即是兑三索而得女，第三爻变化故名少女。坤卦为三根阴爻，第一根变为阳，成震卦，阳为男性，故名得男，由于是第一爻变，因此是一索而名之长男。坤卦第二根变为阳，成坎卦，即是坎二索而得男，第二爻变故名中男。坤卦第三根变为阳，成艮卦，即是三索而得男，第三爻变故名少男。这三男三女共同构成乾坤六子。

⑥乾为天。圜，圆，古时有天圆之说，故乾又可以圆比之。乾性阳，可比为群，比为父。天刚而明，可比为金玉之石。乾对应于秋末冬初又主西北，天寒、冰冻是为常事，故又可为寒、为冰。大赤是纯阳之色，故乾又以大赤为比。刚健有力的良马，老成持重的老马，精干瘦削的瘠马，斑驳出众的驳马，皆是乾之特性。圆而坚硬的木果，亦有乾所具有的特性。

⑦坤为地。坤性阴，可比为母。布柔软且有包藏之性(人为衣物所裹藏)，具有地所具备的特性。大地载育万物，使之成熟，若釜烹煮食物，故可比为釜。大地始生万物而不可瞬移，似吝，故又可以吝啬比之。均，意即平均，如同大地承载万物，一视同仁，可比为均。柔嫩可爱是幼小的牝牛，又可以此比之。大地能载藏各类物象，一如能载藏众多物品的大车，故可比为大舆。而万物错综相杂而成其文理华彩，可比为文。臣民为众，有卑下顺从之性，同坤一样，故可比为众。身为万物之本的大地，亦可比为柄。土壤越是肥沃其色越黑，故坤亦比为黑色。

⑧震如雷，故以雷比之。雷震如龙翔于空中，故以龙比之。天玄地黄，以此代表天地之色，而天地始交为震，故其乃玄黄交杂之象。旉(fū)，花之总称。震对应于正春，桃花繁盛，故以旉比之。大涂，大路之意，震性动，故比于便于行动的大道。震一索得男，比为长子。决躁，行走迅疾一如

急速迅猛之雷，故以决躁比之。震对应于青色，正如青色的苍筤 (láng) 竹，故又可比为苍莨竹。丛生蔓衍而首尾相连的萑 (huáng) 苇，一如雷电之蜿蜒，故以萑苇比之。雷鸣如马之嘶鸣，故比为马之善鸣。后左足长白色的馵 (zhù) 马，动作矫健的作足马，额头长白毛的馰马。加上善鸣之马，共四种，均行动迅捷，取"动"之意。如土豆、地瓜、生姜等植物，属刚的果实埋藏于地下，属柔的枝叶生长在地上，正如震(☳)之阳刚在下，阴柔在上，故亦可以反生比之。震对应于正春，正是植物茂盛鲜明之际，故比为蕃鲜。

⑨巽为风，木易招风，故比巽为木。巽一索而得女，故可比为长女。木取其直需引绳衡量，故以绳直比之。以绳直木以加工，即是木工，故比为工。木去其表而白色为里，故比之以白。长，长远之意，风拂大地千里，故比之以长远。风又能直上云霄，故比之以高。风时进时退吹拂不定，故比之以进退。风向与强弱都不确定，如人犹疑，故比之以不果。臭，气味，风拂万物而广散其味，故比之以臭。寡发，头发稀少；广颡，头额宽广；白眼，眼睛白色部分较常人为多。古代相面之术以寡发、广颡和多白眼之貌为质朴之性的象征。巽为木，木加工投之以市场得利可近于原木三倍，故比之以近利市三倍。巽风吹动不息，有躁急之势，故比之以躁动。

⑩坎为水，流水以成沟渠，故比之以沟渎。阴爻中间藏有阳爻，故以隐伏比之。矫，直其曲者；鞣，曲其直者。水流曲直不定，可比之以矫鞣。弓轮，乃弯曲之物，与水性相似。加忧，忧愁增多之意，坎为险难，故可比之以加忧。心与耳中空，如今阳爻居中，故可比之以心病耳痛。地有水脉，如人有血液。血乃赤色，故坎即血卦，可比之以赤。阳爻居中，如马之脊，故以马有美脊比之。中间之爻又可以亟心比之。阴爻即柔居上，马首好低而不昂。阴爻即柔又居下，马蹄好荡而不厚，故比之以下首，比之以荡蹄。古时相马之术认为以上四种马虽行路迟缓，但驾驭容易。曳，牵引，水上运物易于牵引，故比之以曳。眚(shěng)，灾害。坎为坑陷不利于以车行路，故可以多眚比之。水流而畅通，故比之以通。月色如水，故又比之以月。盗贼有隐伏之性，如水潜行，故比之以盗。居于中间的阳爻，又如同中刚而坚，故比之以木坚心厚。

⑪ 离卦卦象是两阳爻在外围绕一阴爻在中。火、电、日均属光明之物，故比之以火、电、日。离再索得女，故比之以中女。胄，盔；兵，兵器。甲胄和戈兵都是用于保护身体的护甲兵器，与离卦两阳护一阴的形象相近，皆是外刚内柔之象。阴爻在内，内柔同腹，故比之以大腹。火和日可将东西烤干，故又比之以乾。由于鳖、蟹、蠃、蚌、龟都在坚硬的外壳之内藏有柔软的肉身，均如离卦外刚内柔之象，故比之以此类动物。科上槁即空心之树，外强中干之象，亦可比于离。

⑫ 艮卦一阳爻在上，二阴爻居下。阴象土，阳象木，故木生于积土之上，乃山之象，故比之以山。山中自有盘肠小路，又比之以径路。上有小石，故比之以小石。门阙，门两侧筑造的楼台，通道居中，若艮(☶)之形。果蓏 (luǒ)，结实为果者乃木本植物，结实为蓏者乃草本植物。果蓏多产于山中，故比之以果蓏。阍 (hūn)，守于门外禁人妄入的阍人；寺，守于门外禁人妄出的寺人，皆是不许人擅自出入之人，取艮"止"之意，故又可比之以阍寺。山峰林立，高低若指，又比之以指。鼠，山鼠。看门犬，禁人入内，取艮止之意，故比之以狗。黔，黑。黔喙 (huì)，居于山中食肉类的野兽。阳爻居上，故坚，以喻山木多节而质硬。节，有"止"意，故又比之以质硬多节。

⑬ 兑为泽。兑三索得女，故比之以少女。兑为少女，亦为口，暗指女巫凭借口舌以通神灵。兑象征口舌。兑对应于秋，这是果实成熟的季节，树枝易受不住压力而折断，故比之以毁折。附决，断决，如同果实成熟离开树枝而落地，故比之以附决。久滞之水会成碱，庄稼不生碱地，故比之以刚卤。泽位低，若卑贱之妾，故比之以妾。任人摆布的温驯羊羔，有少女之性，故比之以羊。

【译文】

乾性健。坤性顺。震性动。巽性入。坎陷落。离附丽。艮止息。兑悦乐。

在牲畜方面乾为马，坤为牛，震为龙，巽为鸡，坎为猪，离为野雉，艮为狗，兑为羊。

在人体部位方面乾为头，坤为腹，震为脚，巽为腿，坎为耳，离为目，艮为手，兑为口。

乾为天，刚健有为，故可称父。坤为地，柔顺化育，故可称母。首次求其爻变而成震卦以得男，故名之为长男。首次求其爻变而成巽卦以得女，故名之为长女。再求其爻变而成坎卦以得男，故名之以中男。再求其爻变而成离卦以得女，故名之以中女。第三次求其爻变而成艮卦以得男，故名之以少男。第三次求其爻变而成兑卦以得女，故名之以少女。

乾为天，为圆，为君，为父，为玉，为金，为寒，为冰，为大赤，在马为良马，为老马，为瘦马，为杂色之马，为木果。

坤为地，为母，为布，为釜，为吝，为均，在牲畜为小牛、母牛，为大车，为文彩，为众多，为把柄，在地为黑。

震为雷，为龙，为玄黄，为旉，为大路，为长子，为躁，为青色竹，为芦苇。在马为善鸣，为后左足白色之马，为动作矫健之马，为白额之马。它为返生之庄稼。统而言之震卦之性，在于刚健、茂盛、鲜明。

巽为木，为风，为长女，为绳直，为木匠，为白，为生长，为增高，为进退，为犹疑，为气味。在人的面相而言，为头发稀疏，为宽额，为多白眼，为三倍利市。统而言之巽卦之性在于同风一样急躁不安。

坎为水，为沟渎，为隐伏，为矫鞣，为弓和车轮。在人而言，为忧虑增加，为心病，为耳痛，为血卦，为赤色。在马而言，为美脊之马，为躁绪之马，为低首，为荡蹄，为牵引。在车而言，行驶则为多险阻。为通，为月，为盗。在木而言，象征木坚心厚。

离为火，为日，为电，为中女，在兵器而言，为盔甲，为戈。在人而言，为大腹。离卦为火、日，亦为干燥。为鳖，为蟹，为螺，为蚌，为龟。在木而言，则为中空枯槁之朽木。

在山而言艮为山，为小径，为小石，为门阙，为瓜果，为看门守寺之人，为指，为狗，为鼠，为黑嘴野兽。在于木，则为质硬多节。

兑为泽，为少女，为巫，为口舌，为毁折，为溃决。在地而言，为盐碱之地。为妾，为羊。

【说明】

以上是第三章，分别阐释了八卦卦象。详尽地列举了八卦所象征的事、物、器官、家庭成员等。这些事物极为丰富，上天入地、光怪陆离，代表了天地间的一切事物，可见八卦蕴藏的丰富内涵。其中乾为天、坤为地、震为雷、巽为风、坎为水、离为火、艮为山、兑为泽，这些基本卦象所象征的物象，基本能言之成理，故可以广泛运用于六十四卦中。其他的皆为引申卦象，对其象征意义的解释多有牵强附会，极少用于六十四卦中。但由于毕竟是对《易经》最为古老的阐释说明，所以仍然值得关注。